培优系列教材
电子商务专业

U0887634

网店美工

彭　敢　魏盈盈　高　旭　主　编
杨越茗　张　楠　彭娟娟　副主编

電子工業出版社
Publishing House of Electronics Industry
北京·BEIJING

内容简介

本书以Photoshop软件为工具，通过8个项目全面、详细地介绍了网店设计与装修的基本方法和技巧。具体内容为：网店美工入门基础、网店图片设计、网店文字和图形应用、网上店铺装修、页面设计、主图、钻展图片和直通车图片的设计与制作、图片的切片与管理及装修服装店铺实例。

本书实例丰富、内容翔实、操作方法简单易学，不仅适合作为电子商务专业大中专学生的教材，还可供感兴趣的读者及相关的专业人士参考。

本书附有电子资料，包括书中所有实例的源文件及软件操作过程的录屏动画，另附赠了大量的实例素材供读者在学习中使用。

图书在版编目（CIP）数据

网店美工/彭敢，魏盈盈，高旭主编. —北京：电子工业出版社，2022.6

ISBN 978-7-121-43855-4

Ⅰ.①网…　Ⅱ.①彭…　②魏…　③高…　Ⅲ.①网店—设计　Ⅳ.①F713.361.2

中国版本图书馆CIP数据核字（2022）第116925号

责任编辑：孙　伟　　　　文字编辑：李书乐　　　　特约编辑：金　华
印　　刷：北京瑞禾彩色印刷有限公司
装　　订：北京瑞禾彩色印刷有限公司
出版发行：电子工业出版社
　　　　　北京市海淀区万寿路173信箱　邮编：100036
开　　本：787×1092　1/16　　印张：13　　字数：329.6千字
版　　次：2022年6月第1版
印　　次：2022年6月第1次印刷
定　　价：65.00元

凡所购买电子工业出版社图书有缺损问题，请向购买书店调换。若书店售缺，请与本社发行部联系，联系及邮购电话：（010）88254888，88258888。

质量投诉请发邮件至zlts@phei.com.cn，盗版侵权举报请发邮件至dbqq@phei.com.cn。

本书咨询联系方式：（010）88254571或lishl@phei.com.cn。

前　　言

随着时代的进步，人们对于网络的依赖程度越来越严重，只要有网络，商品的买卖就可以不在实体店内进行，对于自己喜欢的商品，只需要动一动手，就能在网上完成交易。

网络使企业的营销方式发生了改变，现代企业大多有自己的网络营销平台。为了在网络营销平台上很好地展示企业的商品、优势，对平台的设计必不可少。因此，需要大量从事网络平台美工的应用型人才。

一个优秀的网店美工工作者除了需要会使用Photoshop等图像处理工具，还需要对消费者的购物心理有一定的了解，能用精美的图文展示商品的卖点；对网页设计有丰富的经验，对色彩敏感，能处理各种视觉冲突；能够根据商品的上架情况和促销信息制作促销广告；能够通过网站后台的数据，挖掘消费者的浏览习惯和消费需求。

本书以Photoshop软件为工具，全面讲述了网店美工设计与装修的基本方法和实践操作技巧。

一、本书特点

♦ 实例丰富

本书的实例无论是数量还是种类都非常丰富。本书结合了大量的网店美工处理实例，详细讲解了网店美工的知识要点，让读者能够在学习实例的过程中潜移默化地掌握网店美工的操作技巧。

♦ 提升技能

本书从全面提升网店美工工作者实际应用能力的角度出发，结合大量案例讲解了如何使用Photoshop进行网店美工的处理，使读者在了解Photoshop的同时能够独立地完成各种网店美工的处理。

本书中有很多实例本身就是网店美工处理的项目案例，经过编者的精心提炼和改编，不仅能够保证读者学好知识点，更重要的是能够帮助读者掌握实际的操作技能，同时培养读者网店美工处理的实践能力。

◆ **技能与思政教育紧密结合**

在讲解网店美工处理专业知识的同时，紧密结合思政教育主旋律，从专业知识的角度触类旁通引导读者相关思政品质的提升。

◆ **项目式教学，实操性强**

本书的编者都是在高校从事计算机图形图像教学研究多年的一线人员，具有丰富的教学实践经验和教材编写经验，有一些执笔者是国内图书出版界的知名作者，前期出版的一些相关书籍经过市场检验很受读者欢迎。本书是编者总结多年的设计经验及教学的心得体会，历时多年精心准备的，力求全面、细致地展现Photoshop在网店美工应用领域的各种功能和使用方法。

本书采用项目式教学，把网店美工处理知识分解并融入一个个实践操作的训练项目中，增强了本书的实用性。

二、本书的基本内容

本书通过8个项目，全面、详细地介绍了网店设计与装修的基本方法和技巧。具体内容为：网店美工入门基础、网店图片设计、网店文字和图形应用、网上店铺装修、页面设计、主图、钻展图片和直通车图片的设计与制作、图片的切片与管理及装修服装店铺实例。

三、关于本书的服务

1. 关于本书的技术问题或有关本书信息的发布

读者朋友遇到有关本书的技术问题时可以将问题发到邮箱714491436@qq.com，我们将及时回复。也欢迎加入学习交流QQ群789883395交流探讨。

2. 安装软件的获取

按照本书上的实例进行操作练习，以及使用Photoshop进行网店美工处理时，需要事先在电脑上安装相应的软件。读者可从网络上下载相应软件，或者从当地的电脑城、软件经销商处购买。学习交流QQ群也会提供下载地址和安装方法教学视频，需要的读者可以关注。

3. 电子资源内容

为了配合各学校师生利用本书进行教学，本书配赠了多媒体电子资源，内容为书中所有实例的源文件及相关资源，以及软件操作过程的录屏动画，供读者在学习中使用。

四、致谢

本书由江苏财经职业技术学院的彭敢、黑龙江东方学院的魏盈盈、沈阳城市建设学院的高旭任主编，由沈阳城市建设学院的杨越茗、河南交通职业技术学院的张楠、江苏财经职业技术学院的彭娟娟任副主编，由河北军创家园文化发展有限公司提供技术支持。由于编者水平有限，书中如有不足之处，敬请读者批评指正。

编　者

2022.2

目　　录

项目一

网店美工入门基础

素质目标

➢ 关注行业动态，及时了解行业走向，提高读者对网店美工的关注度。

➢ 逐步培养读者谦虚好学、持之以恒的学习态度。

技能目标

➢ 了解网店美工的概念。

➢ 掌握网店美工的配色。

➢ 了解商品拍摄的方法。

项目导读

本项目对网店美工的概念、配色和商品拍摄的方法进行了详细讲解。通过本项目的学习，可以快速了解网店美工的基础知识，为后面的学习打下坚实的基础。

任务1　网店美工的概念

任务引入

小红想要开一个网店，可是她对此一窍不通，通过询问朋友对此有了一定的了解。那么，什么是网店美工？网店美工图片的格式有哪些呢？

知识准备

网店美工的价值在于通过对网店和商品全方位的视觉处理和优化，使其能够激发消费者的购买欲望，最终实现网店的经济效益。

一、了解网店美工

网店美工是随着电子商务发展而兴起的职业，是对服务于淘宝、天猫商城和京东商城等平台的网店的页面设计者和美化工作者的统称。区别于传统的平面美工和网页美工，网店美工不仅需要熟练掌握各种图像处理软件，还需要了解商品的特点，并准确判断目标用户群的需求，这样才能设计出吸引眼球的图片。

网店美工的工作主要包括打造店铺特色、美化商品图片、装修与设计网店、设计活动页面及运用推广等。下面进行详细介绍。

打造店铺特色：优秀的网店能给人留下深刻的第一印象，由于目前各平台网店同质化严重，若想在诸多的网店中脱颖而出，打造网店特色就显得十分重要。只有展示出网店特点，才能够吸引更多的消费者购买。

美化商品图片：拍摄的商品图片并不能直接上架，为了使图片呈现出更好的视觉效果、更能够打动消费者，网店美工还需要对每款商品的图片进行设计和美化。

装修与设计网店：无论是哪个电商平台，网店在进行店铺装修时都只需要使用平台提供的模块即可完成装修。但是要想使店铺呈现出更好的视觉效果，就需要网店美工对网店页面进行创意设计和艺术美化。

设计活动页面：平台往往会不定期举行各种促销活动，而各个网店集中开展促销时就会形成竞争。为了增强商家在活动中的吸引力，活动页面的视觉效果就显得尤为重要。网店美工在设计活动页面时要保证页面契合活动主题，美观、拥有独特的亮点，通常可通过制作的海报、个性页面等来实现。

运用推广：商家想要在诸多的网店中脱颖而出，就需要进行积极有效的推广。网店美工在推广活动中发挥着重要的作用，其主要工作是通过图片将网店的品牌、商品、服务等传达给消费者，加深网店在消费者心中的印象，从而获得认同。

二、了解网店装修的作用

网上购物与在传统实体店购物的消费方式不同，网上购物主要通过图片与点击交互的操作方式来完成商品的交易，所以当消费者只能通过图片——也就是视觉角度去了解商品时，做好网店装修，让视觉营销去触发消费者的购买冲动，是提高网店商品点击率和销量的最关键步骤。

当消费者进入一个网店后，最终是否会购买这个网店中的商品是会受到很多因素影响的，如商品质量是否有保障、后期服务怎么样、商品是否实用等，而这些问题大多可以通过网店装修来解决。从视觉营销的角度来看，网店装修是让商品变得足够吸引人的关键，只有把图片处理得精美，才能更好地抓住消费者的视线，激发消费者的点击欲望，达到良好的视觉营销效果。

网店装修的目的是让网店页面变得更加漂亮以便吸引消费者。需要注意的是，好的视觉营销固然需要漂亮的图片，但是漂亮的图片却不完全等同于好的视觉营销。网店装修更注重的是将所售商品的相关信息准确地传递出来。

网店视觉效果的好坏，可以直接影响一个网店的成败，网店的组成元素都有自己独特的功能，其中包括店标、店招、促销广告、商品分类、网店公告和商品详情等。

1. 店标

店标通常指的是网店的核心标识，也就是网店的Logo（商标），有创意并且好看的店标最容易让人记住。店标按类型可分为动态和静态两种。例如，在淘宝中按照网店进行搜索时，会看到每个网店的店标。

2. 店招

店招是网店的灵魂，在网店中，店招必须放置在页面的顶部，用来说明经营项目，是招揽消费者的一个招牌。网店不需要门面，所以店招就是网店的门面，不同的网店设计的店招也不同。

3. 促销广告

网店中展示商品效果的广告区域，是最受消费者关注的区域之一。其中，自定义广告区域中的广告可分为通栏广告、自定义广告和陈列区广告等，在制作时需要考虑网店对图片装修尺寸的要求。

4. 商品分类

网店中的商品分类是为了让消费者以便捷的方式找到自己想买的商品。在网店中，如果商品过多，查看起来比较麻烦，此时如果将相同类型的商品进行归类，查找将会变得十分轻松。

5. 店铺公告

店铺公告可以十分清楚地展示网店最近的相关信息，如店铺上新、促销活动等。可以使用文本或图片的形式进行展示，目的就是让消费者能够一目了然。

6. 商品详情

在网店中，想要成功推销自己的商品，需要在商品的页面进行详情描述。商品描述模板通常是指包含描述在内的商品介绍页面。可以将其设计成一个模板，其他商品都可以使用这个模板进行展示，这样可使整个页面在视觉上显得非常统一。

三、网店美工图片的文件格式

网店美工的基本工作之一就是处理图片，无论是网店页面还是商品展示，都会用到图片。网店中各个模块对图片的规格有不同的要求，对图片格式的要求也多种多样，要想使图片符合使用要求，就需要网店美工能够区分不同的图片格式。网店美工在设计工作中常见的图片格式包括PSD、GIF、TIF、JPG和PNG，下面对这些格式进行详细介绍。

1. PSD格式

PSD格式是Photoshop专用的图片文件格式，它有其他文件格式所不能包括的图层、通道及一些专用信息。另外，在打开和存储这种格式的文件时，Photoshop能表现出较快的速度，同时，这种图片格式对图片的质量没有丝毫损伤，因此，在使用Photoshop处理图片时，如果工作没有完成，都应该存储为PSD格式。

但是，这种文件格式有一些缺点，即所占的空间较大、与别的许多软件不通用等。因此，在存储最终作品时，如果没有必要，最好不要用PSD格式。

2. GIF格式

GIF的英文全称是Graphics Interchange Format，即图片交换格式，这种格式是一种小型化的文件格式，它最多只有256色，即索引色彩，但支持动画，多用于网络传输。

3. TIF格式

TIF的英文全称是Tag Image File Format，即标签图片格式。它可存储多达24个通道的信息，它包含的图片信息最全，并且几乎所有的专业图形软件都支持这种格式，用户在存储自己的作品时，只要有足够的空间，都应该用这种格式来存储，才能保证作品的质量最佳。

4. JPG格式

JPG（JPEG）的英文全称是Joint Photographic Experts Group，这是一种压缩图片存储格式。用这种格式存储的图片会有一定的信息损失，但用Photoshop存储时可以通过选择“最佳”“高”“中”和“低”4个等级来决定存储JPG格式图片的质量。它可以把图片压缩得很小，中等压缩比大约是原PSD格式文件的1/20。一般一幅分辨率为300dpi的5in图片，用TIF格式存储要用近10MB的空间，而用JPG格式存储只需要100KB左右就可以了。所以在传输图片时，如果用网络、软磁盘，就最好选择这种存储格式。这样一来，一张3in软磁盘就可以存储近10张高质量的图片。现在几乎所有的数码照相机，用的都是这种存储格式。

5. PNG格式

PNG格式适合存储透明背景的图片，不仅可以替代GIF格式，而且具有一些GIF格式所不具备的特性。PNG格式用来存储灰度图片时，灰度图片的深度为16位；存储彩色图片时，彩色图片的深度为48位。

任务总结

通过本任务的学习，小红对网店美工有了大体的了解，知道了网店装修的作用。还了解了一些常用的网店美工中图片的文件格式。

任务2　网店美工的配色

任务引入

在设计网店时，小红想要吸引消费者的眼球，那么怎样调整网店的页面色彩呢？搭配技巧有哪些呢？

知识准备

消费者进入网店后，能够影响其第一印象的要素就是网店的页面色彩。一个网店的颜色配比是否合适，比其他任何设计要素都重要。因为色彩是主导消费者视觉的第一因素，它不但可以给消费者留下深刻印象，而且可以产生很强烈的视觉效果。

一、色彩的基础知识

在现实生活中人们见到的各种颜色是人们对不同频率光的感知，色彩源于光线，没有光线就没有色彩，它既有其客观属性又与人眼的构造有着密切联系。

1. 色彩的分类

根据人们的日常生活习惯，可以将色彩分为无彩色和有彩色两个类别。下面分别进行介绍。

1）无彩色

无彩色是指由黑色、白色及黑白两色相融而成的各种深浅不同的灰色系列。从物理学的角度来讲，它们不包括在可见光谱之中，故不能称之为色彩。但是从视觉生理学和心理学的角度来讲，它们具有完整的色彩性，应该包括在色彩体系之中。

无彩色系按照一定的变化规律，由白色渐变到浅灰、中灰、深灰直至黑色，色彩学上称为黑白系列。黑白系列中由白到黑的变化，可以用一条垂直轴表示，一端为白，一端为黑，中间有各种过渡的灰色。纯白是理想的完全反射物体，纯黑是理想的完全吸收物体。可是在现实生活中并不存在纯白和纯黑的物体，颜料中采用的锌白和铅白只能接近纯白，煤黑只能接近纯黑。

无彩色系的颜色只有明度上的变化，不具备色相与纯度的性质，也就是说它们的色相和纯度在理论时等于零。色彩的明度可以用黑白度来表示，越接近白色，明度越高；越接近黑色，明度越低。

2）有彩色

有彩色是指包括在可见光谱中的全部色彩，它以红、橙、黄、绿、青、蓝、紫等为基本色。基本色之间不同量的混合、基本色与无彩色之间不同量的混合后产生的千千万万种色彩都属于有彩色系。有彩色系是由光的波长和振幅决定的，波长决定色相，振幅决定色调。

2. 色彩的属性

色彩有色相、明度、纯度 3 个基本属性，人眼所能感知的任何一种颜色都是这 3 种属性的综合效果。下面分别进行介绍。

1）色相

色彩是照射在物体上的光反射到人眼中在视神经上所产生的感觉。色彩的不同是由光波的长短所决定的，而色相是指这些色彩的波长情况。在各种色彩中，红色是波长最长的颜色，紫色是波长最短的颜色。红、橙、黄、绿、蓝、紫和处在它们之间的红橙、橙黄、黄绿、蓝绿、蓝紫、红紫共计 12 种较鲜明的颜色组成了 12 色相。

2）明度

明度可以简单理解为是颜色的亮度，不同的颜色具有不同的明度。任何色彩都存在明度变化，其中黄色的明度最高，紫色的明度最低；绿色、红色、蓝色、橙色的明度相近，为中间明度色。

3）纯度

纯度指的是色彩饱和程度。光波越长，色相纯度越高，反之，色相纯度越低。不同色相的色彩不但明度不相等，纯度也不相等。当色彩的色相相同，其纯度发生变化时会带来“色彩性格”的变化。有了纯度的变化，页面才会变得更加鲜活。

3. 色彩的对比

色彩的对比主要指色彩的冷暖对比。电视画面从色调上划分，可分为冷调和暖调两大类。红、橙、黄为暖调，青、蓝、紫为冷调，绿为中间调，不冷也不暖。色彩对比的规律是：在暖调的环境中，冷调的主体醒目；在冷调的环境中，暖调的主体最突出。色彩对比除了冷暖对比，还有色相对比、明度对比和纯度对比等。

1）色相对比

两种以上的色彩组合后，由于色相差别而形成的色彩对比效果称为色相对比。它是色彩对比的一个根本方面，其对比的强弱程度取决于色相之间在色相环上的距离，距离越小对比越弱，反之，对比越强。

2）明度对比

明度对比就是色彩的明暗对比，也被称为色彩的黑白对比。每种颜色都有对应的特征，两种颜色间明度差别所形成的对比即为明度对比。

3）纯度对比

一种颜色的鲜艳度取决于这一色相发射光的单一程度，不同的颜色放在一起，它们的对比是不一样的。人眼能辨别的有单色光特征的色，都具有一定的鲜艳度。给某个色相的纯色按比例逐渐加入无彩色，即可形成由若干个色阶组成的纯度系列。

纯度分为高纯度、中纯度和低纯度 3 个层次，即纯色和接近纯色的色为高纯度色阶，接近灰色的色为低纯度色阶，两者之间的色为中纯度色阶。将3个层次的色阶相互组合，可以形成鲜强对比——主体色为高纯度色，陪衬和点缀色为中纯度色和低纯度色；灰强对比——主体色为低纯度色，陪衬与点缀色为高纯度色和中纯度色；中弱对比——主体色为中纯度色，其他色为接近中纯度色；鲜弱对比——主体色为高纯度色，其他色为接近高纯度色等的色彩纯度组合。

二、色彩搭配的技巧

色彩搭配是建立在对色彩对比认知之上的艺术。网店美工通过对不同色彩的组合运用，可以增大或减小色彩间的对比差异，使网店呈现出多样化的视觉效果，从而吸引消费者的关注。

1. 网店配色

在网店页面的设计中，色彩搭配是打造网店形象的关键，色彩处理得好可以为网店页面锦上添花，同时可以达到事半功倍的效果。网店页面的色彩搭配一定要合理，要与商品相符，这样才会给人一种和谐的感觉。

1）主色与辅助色

主色与辅助色是一个页面传达给消费者的第一视觉，所以，一定要使网店页面的颜色与商品相呼应。在网店中能够定义为主色的是页面整体的色调，也就是所占面积最大的色系，辅助色在页面中起陪衬的作用。

2）色调与配色

色彩与人的感觉和情绪有一定的关系，利用这一点可以在设计网店页面时形成自己独特的色彩搭配，从而给消费者留下深刻的印象，增大商品售出的概率。

2. 网店图片的配色

在网店页面中，能够吸引消费者注意的广告图片，除了构图版式，配色应该是最能刺激人们视觉的元素了。好的图片配色给人的感觉是舒服的，在设计配色时最好不要超过 3 种色彩，色彩太多会产生乱的效果。在为图片配色时，最好能够在色相、饱和度或明度中选择一种保持相近，这样才不会让人在视觉上产生不适感，如图 1-1 所示为繁乱的配色，如图 1-2 所示为饱和度相一致的色调。

图 1-1　繁乱的配色

图 1-2　饱和度相一致的色调

如果将色调定为黑白配色，就更能凸显电脑，从而使大家的视线快速转移到电脑上，如图 1-3 所示。

图 1-3　黑白配色

3. 色彩采集

在为网店页面搭配颜色时，可以使用 Photoshop 中的吸管工具，在商品的某种颜色上单击鼠标左键，此时就会将当前选取的颜色作为工具箱中的前景色，如图 1-4 所示。

图 1-4　使用吸管工具选取颜色

任务总结

通过本任务的学习，小红对网店美工的配色有了大体的了解，了解了色彩的分类、色彩的属性及色彩的搭配，并掌握了色彩的搭配技巧。

任务3　商品拍摄

任务引入

在网上购物时，由于消费者无法感受商品，只能通过图片来了解，因此小红在设计网店时，需要对商品进行拍摄，那么，拍摄的技巧有哪些呢？

知识准备

网店中的商品图片，大多数都是商家自行拍摄的。这样的好处就是商品图片具有店铺的统一特色，如果想要拍好商品图片就要了解一些相机的基本功能、商品拍摄的要求与技巧等相关知识。

一、选择摄影器材

顾客主要是通过一张张的展示图片来了解商品功能的，图片的最主要来源就是相机，目前，市面上的相机主要有两种，一种是普通数码相机，一种是单反相机。

普通数码相机最大的特点就是价格实惠，在普通数码相机中，有很多都是比较薄、便于携带的，绝大多数的价格为600～4500元，普通数码相机的像素一般为1000～1600万。

单反相机的全称是单镜头反光式取景照相机，是指用单镜头并通过此镜头反光取景的相机。它可随意换用与其配套的各种广角、中焦距、远摄或变焦距镜头，能够拍摄出清晰、高质量的照片，具有普通相机无法比拟的优势。

1. 相机的使用

正确的持机姿势有利于拍摄时保持相机的稳定，从而提高拍摄质量。单反相机一般采用横向握法和竖向握法两种持机姿势，下面分别进行介绍。

1）横向握法

右手三指握住相机的手柄，食指轻放在快门按钮上，大拇指握住相机的后上部，左手托住镜头下部。将相机贴紧面部，双臂和双肘轻贴身体，两脚略微分开站立，以保持稳定。

2）竖向握法

右手将相机竖起，左手从镜头底部托住相机，将相机的重心落于左手上。拍摄时注意不要让手指或相机带挡住镜头。

2. 拍摄所需的辅助器材

为了达到更好的拍摄效果，使商品图片更能打动人心，网店美工还需要在拍摄过程中使用多种辅助摄影器材。

1）三脚架

在拍摄商品时有人抖得厉害，这样拍摄出来的作品会比较模糊，这时需要使用三脚架来辅助拍摄。在光线不好的环境或在晚上拍摄时，曝光时间会比较长，单独用手进行拍摄时，谁都不能保持长时间的静止不动，此时必须使用三脚架对相机进行固定拍摄。三脚架的作用就是帮助相机保持稳定。

2）闪光灯

闪光灯能在很短的时间内发出很强的光线，是相机感光的摄影配件。闪光灯常用于在光线较暗的场合中进行瞬间照明，也用于在光线较亮的场合中给被拍摄对象局部补光。

3）静物台

静物台主要是用来拍摄小型静物商品的，使商品可以展示出最佳的拍摄角度与最佳的外观效果。

4）背景纸

背景纸是商品拍摄过程中不可缺少的辅助设备，可以更好地衬托出商品特点，让商品展示得更加完美。

5）遮光罩

遮光罩是安装在单反相机镜头前端，用于遮挡多余光线的摄影装置。常见的遮光罩有圆筒形、花瓣形和方形3种，其尺寸大小不同，在选用前一定要确认尺寸与相机相匹配。

二、摄影技巧

拍摄网店商品时，由于商品的不同或所在拍摄环境的不同，对于需要拍摄的商品都是有一定的技巧和拍摄要求的。

1. 商品展示

在进行拍摄时，可以通过拍摄的高度、距离、角度等拍摄技巧来展现商品各个位置的效果，目的是让消费者更加清晰地了解商品本身。

2. 拍摄环境

根据商品大小与类型的不同，其要求的拍摄场景也存在差异，只有当拍摄场景适合商品时才能取得满意的拍摄效果。小件商品适合在较为单纯的环境里进行拍摄；进行大件商品的室内拍摄时，尽量选择整洁的单色背景，拍摄的照片中最好不要出现其他不相关的物体；进行大件商品的外景拍摄时，尽量选择风景优美的环境作为背景，并运用自然光加反光板补光的方式进行拍摄，这样可以使照片的风格感更加明显。

3. 光线运用

在光线较为充足的情况下，不需要任何补光设备就可以拍出很好的照片。一般晴天拍摄效果较好，如果光线不足，虽然拍出的照片可以通过后期处理，但效果还是差一些。另外，光线过强，拍出的照片也会不理想。

4. 通过参照物提升商品本身的档次

有时对于要拍摄的商品，如果只是单独对其进行拍摄的话，拍摄得再好也只是一件商品，如果能衬上参照物的话，对于消费者来说可能更具有说服力，无形中提升了商品本身的档次，可以给消费者一个更好的想象空间。

5. 不同材质的拍摄方法

拍摄不同商品时，由于商品本身材质的不同，不能将所有商品都按照同一种方法进行拍照。

1）拍摄表面粗糙的商品

许多商品具有粗糙的表面，为了表现出它们的质感，在光线的使用上，应采用侧光照明，这样能表现出商品材质明暗起伏的结构变化。

2）拍摄表面光滑的商品

一些商品的表面光滑如镜，具有强烈的单向反射能力，直射灯光聚射到这种商品表面，会产生强烈的光线改变。所以拍摄这类商品，一是可以采用柔和的散射光线进行照明，二是可以采用间接照明的方法，即使用灯光反射出来的光照射商品，这样能够得到柔和的照明效果。

3）拍摄透明商品

透明商品常指玻璃制品、水晶制品和部分塑料制品等。这类商品具有透明的特点，可以让光线穿透其内部，因此其通透性和对光线的反射能力较强。拍摄这些商品时一般采用侧光或底部光进行照明，这样可以很好地表现出静物清澈透明的质感。要注意使用底部光时，应使用白色底衬或将商品直接放在玻璃上。

三、摄影中的基本构图

在实际拍摄中，往往需要将商品与环境结合起来，这就需要美工将商品与环境组织成一个协调的画面。

1. 横式构图

横式构图是商品呈横向放置或横向排列的横幅构图方式。这种构图多表现商品的稳固，并给人安全感，是一种常用的拍摄构图方式。

2. 竖式构图

竖式构图是商品呈竖向放置或竖向排列的竖幅构图方式。这种构图常用来拍摄长条或竖立的商品。

3. 斜式构图

斜式构图是商品呈斜向摆放的构图方式。这种构图的特点是富有动感、个性突出，对于表现造型、色彩或理念等较为突出的商品，斜式构图方式较为常用，使用得当可以得到不错的画面效果。

4. 黄金分割法构图

使用黄金分割法构图的画面的长宽比例通常为1∶0.7，采用这种比例设计出的商品造型十分美观，在黄金分割的九宫格内相交的4个点处放置主体，可以将画面布置得更加完美。

5. 对称式构图

为了凸显主体，我们在拍摄时常常将其放置到画面的中间，左右基本对称。对称式构图具有平衡、稳定和相呼应的优点，缺点是表现呆板、缺少变化。

6. 其他构图

除了可以通过不同的构图方法来体现商品的特点，还可以通过改变商品的展示角度来展现商品的层次感。这样不但能使画面更加丰富，还能使拍摄效果更加完美。

任务总结

通过本任务的学习，小红对商品的拍摄有了大体的了解，知道了一些拍摄的器材，如相机、三脚架等。还了解了一些拍摄的技巧，以及摄影的基本构图。

项目总结

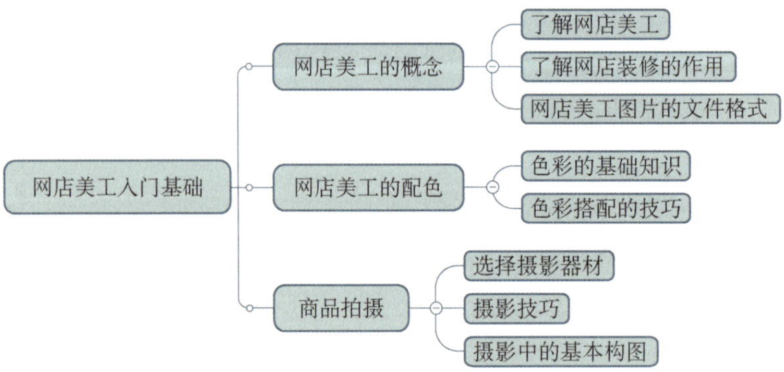

项目实战

实战　绘制化妆品海报

（1）执行“文件”→“打开”菜单命令，打开“源文件/项目一/化妆品.jpg”图片，如图1-5所示。

（2）先单击工具箱中的“魔棒工具”按钮，再单击化妆品的空白处，形成选区，如图1-6所示。

图1-5　打开素材图片

图1-6　形成选区

（3）执行“选择”→“反选”菜单命令，形成反选选区，如图1-7所示。

图1-7　反选选区

（4）执行“文件”→“打开”菜单命令，打开“源文件/项目一/背景1.jpg”图片，将化妆品选区拖入背景1中，并调整大小，如图1-8所示。

（5）单击工具箱中的“横排文字工具”按钮，在背景图片的左上角输入“双十一购物狂欢节”，然后将“双十一购物”的字号设置为30点，将“狂欢节”的字号设置为36点，并在“字符”面板中设置行距为40点，参数设置如图1-9所示，效果如图1-10所示。

图1-8　拖入化妆品选区

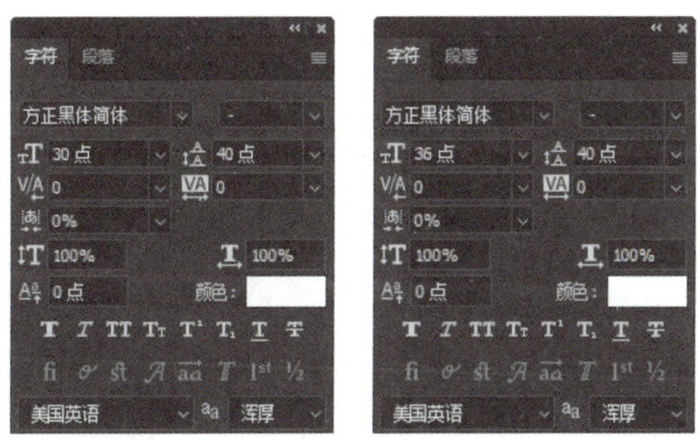

（a）“双十一购物”　（b）“狂欢节”

图1-9　设置字号和行距

图 1-10　输入文字后效果

（6）选中文字图层，在“图层”面板中，单击底部的“添加图层样式”按钮 fx，在弹出的快捷菜单中选择“描边”选项，打开“图层样式”对话框，参数设置如图 1-11 所示，效果如图 1-12 所示。

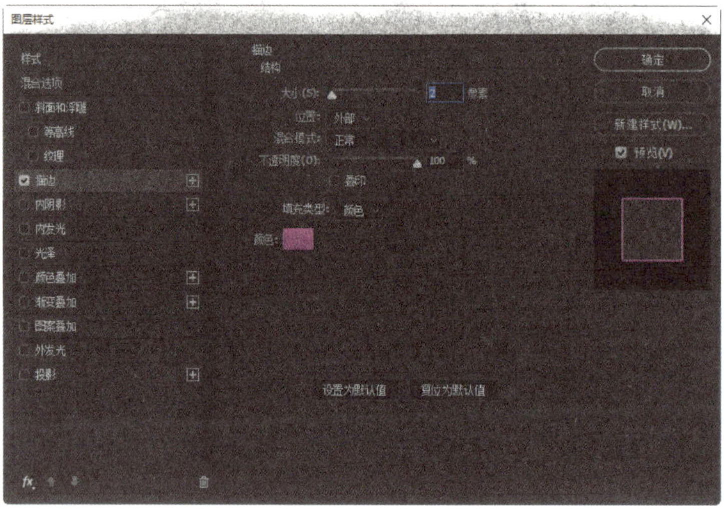

图 1-11　“图层样式”对话框

图 1-12　添加描边效果

（7）单击工具箱中的“直线工具”按钮，在如图1-13所示的位置绘制一条直线，设置填充颜色为红色，粗细为2像素。

图1-13　绘制直线

（8）单击工具箱中的“横排文字工具”按钮，在如图1-14所示的位置输入“热销套装 妆出女神”，并将字体设置为方正宋黑简体，字号设置为18点，颜色设置为#a30092。

图1-14　输入“热销套装 妆出女神”

（9）单击工具箱中的“矩形工具”按钮，在如图1-15所示的位置绘制一个矩形，并添加描边效果，设置描边颜色为蓝色，大小为2像素。

图1-15　绘制矩形

（10）单击工具箱中的“横排文字工具”按钮T，在矩形上输入“满200减20”，将字体设置为仿宋，颜色设置为白色，字号设置为14点，效果如图1-16所示。

图1-16　输入“满200减20”

（11）单击工具箱中的“椭圆工具”按钮T，绘制一个椭圆，并添加“内发光”图层样式，参数设置如图1-17所示，效果如图1-18所示。

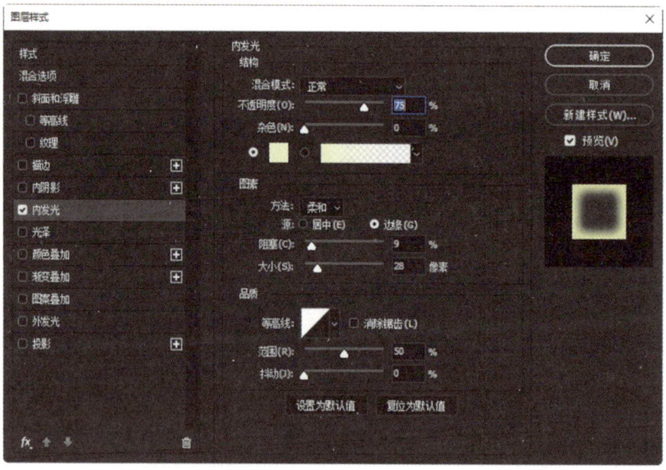

图1-17　设置“内发光”图层样式

图1-18　绘制椭圆效果

（12）单击工具箱中的“横排文字工具”按钮，在椭圆上输入“化妆品彩妆”，打开“字符”面板，将字体设置为方正黑体简体，颜色设置为红色，字号设置为28点，行距为30点，参数设置如图1-19所示，效果如图1-20所示。

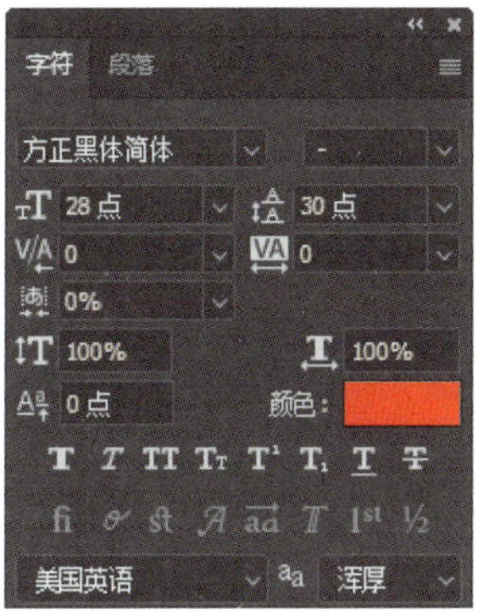

图1-19　在“字符”面板设置参数

图1-20　输入“化妆品彩妆”后效果

（13）单击工具箱中的“自定形状工具”按钮，在工具属性栏中设置“形状”为花卉，如图1-21所示，然后分别选择“形状44”“形状47”和“形状52”，给海报添加装饰，最终效果如图1-22所示。

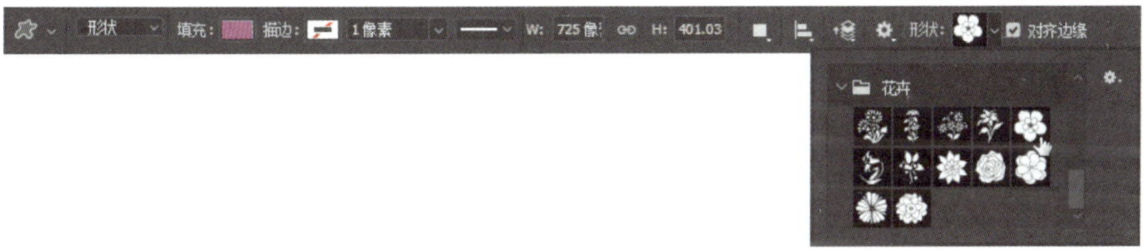

图1-21　设置“形状”为花卉

图1-22　最终效果

项目二

网店图片设计

素质目标

➢ 培养职业责任心，树立正确的价值观念。

➢ 能够充分发挥主观能动性，增强独立思考、推陈出新的能力。

技能目标

➢ 能够自己操作 Photoshop 软件，掌握图片的新建与打开操作，并可以查看图片细节。

➢ 能够对偏色的照片进行处理，并调整图片的亮度和对比度。

➢ 掌握修饰图片的方法。

项目导读

本项目主要介绍了 Photoshop 软件的一些基础操作，详细讲解了图片调色和修饰的方法，为以后的学习打好了基础。

任务1　初识 Photoshop

任务引入

小红已经掌握了网店美工的一些基础知识，现要用 Photoshop 软件对商品图片进行修饰。那么，怎样用 Photoshop 软件新建与打开图片呢？怎样为商品添加信息呢？

知识准备

Photoshop 是 Adobe 公司研发的平面图像处理软件，主要用于对图片进行加工处理及添加特殊效果，是专业设计人员的首选软件之一，也是目前很多网店美工最为常用的图片编辑与设计软件。在网店装修的过程中，经常会使用 Photoshop 对拍摄的商品图片进行一些简单的处理，如新建与打开图片、查看商品图片细节、为商品添加注释信息和网店装修图片的保存等。

一、新建与打开图片

要创建新的图片文件，可以执行“文件”→“新建”菜单命令，此时系统将打开如图 2-1 所示的“新建”对话框。通过该对话框可以设置所要创建的新图片文件的尺寸、分辨率、颜色模式和背景内容等。

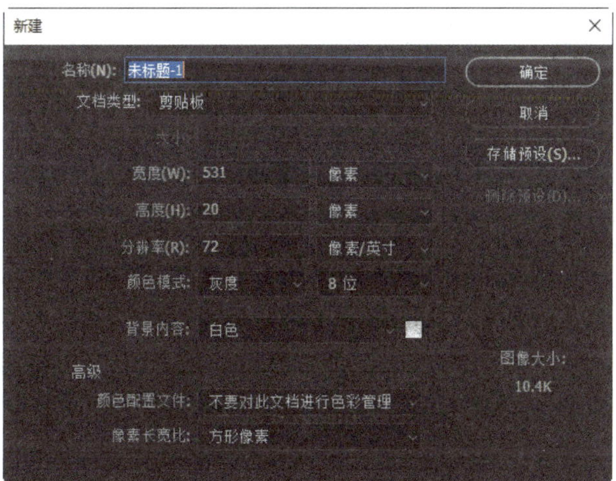

图2-1　“新建”对话框

（1）“宽度”和“高度”：用于设置图片文件宽和高的尺寸，在右侧的下拉列表中可以选择尺寸的单位。

（2）“分辨率”：用于设置图片的显示分辨率。

（3）“颜色模式”：用于设置图片的颜色模式，默认状态下为RGB模式。

（4）“背景内容”：用于设置新建文件的背景层的颜色，默认状态下为白色。但是，若在“背景内容”下拉列表中选择“背景色”选项，则系统将以当前使用的背景色填充新图片；若选择“透明”选项，则系统将创建一个没有颜色值的单层图。

在Photoshop中要打开一幅已经存在的图片，执行“文件”→“打开”菜单命令，或者按“Ctrl+O”键即可。在对话框中单击要打开的图片文件名，然后单击“打开”按钮或直接双击要打开的图片文件名即可打开选定的图片。要一次打开多个图片文件，可按“Ctrl”键和“Shift”键。其中，要打开一组连续的图片文件，可在单击选定的第一个图片文件后，按住“Shift”键不放，然后单击最后一个要打开的图片文件；要打开一组不连续的图片文件，可在单击选定的第一个图片文件后，按住“Ctrl”键不放，然后单击选定的其他图片文件，最后单击“打开”按钮即可。

案例——创建文件

（1）执行“文件”→“新建”菜单命令，打开“新建”对话框，在“名称”文本框中输入“仙镜”，如图2-2所示。

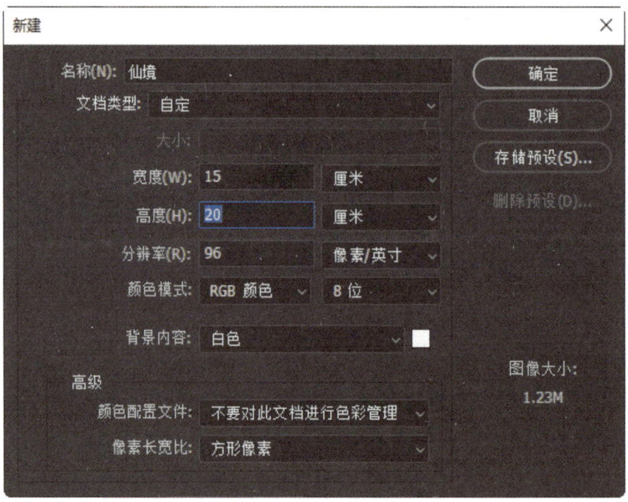

图2-2　“新建”对话框

（2）执行“文件”→“打开”菜单命令，打开“源文件/项目二/背景”和“源文件/项目二/飞鸟”两个图片，如图2-3所示。

（3）先将“背景”图片窗口设为当前图片窗口，再按“Ctrl+A”键全选图片，如图2-4所示，按“F3”键将选区内的图片进行复制，然后将新建的“仙境”图片文件设置为当前图片窗口，按“F4”键将复制的图片进行粘贴，结果如图2-5所示。

（4）将“飞鸟”图片窗口设为当前图片窗口，按“Ctrl+A”键全选图片，如图2-6

所示，按“F3”键将选区内的图片进行复制，完成后将新建的“仙境”图片文件设置为当前图片窗口，按“F4”键将复制的图片进行粘贴，然后单击“移动工具”按钮，适当调整飞鸟图片的位置，效果如图2-7所示。

（a）背景　　（b）飞鸟

图2-3　打开的素材

图2-4　全选“背景”图片

图2-5　粘贴图片

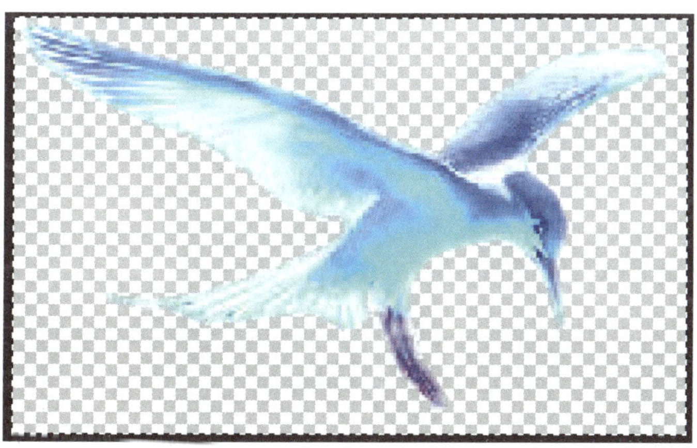

图2-6　全选“飞鸟”图片

图2-7　粘贴图片并调整位置

二、查看商品图片细节

在网店装修时经常需要查看商品图片细节，在Photoshop中，可以放大或缩小图片比例，此外，通过“抓手工具”可以快速查看图片的各个区域。

1. 调整图片的显示比例

Photoshop提供了多种调整图片显示比例的方法，下面逐一对它们进行介绍。

1）使用“缩放”工具调整显示比例

使用工具箱中的“缩放”工具，或者使用“视图”菜单中的“放大”“缩小”“实际大小”“打印尺寸”选项可以方便地调整图片的显示比例。

2）调整图片显示比例的相关命令

调整图片显示比例的相关命令如图2-8所示，它们的具体功能介绍如下。

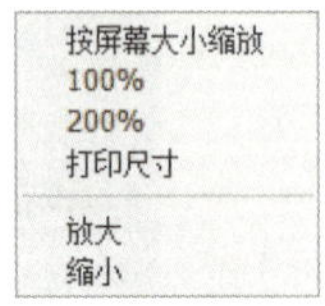

图2-8 调整图片显示比例的相关命令

（1）按屏幕大小缩放：使图片以最合适的比例完整显示，快捷键为“Ctrl+0”。

（2）100%：使图片以实际像素比例显示，快捷键为“Alt+Ctrl+0”。

（3）200%：以图片的2倍像素比例显示。

（4）打印尺寸：使图片以实际打印尺寸显示。

（5）放大：将图片放大一倍显示，快捷键为“Ctrl++”。

（6）缩小：将图片缩小1/2倍显示，快捷键为“Ctrl+−”。

3）利用“导航器”面板调整显示比例

在Photoshop中，使用“导航器”面板可以很方便地调整图片的显示比例，具体的使用方法如下。

（1）打开一张图片，在“导航器”面板中单击左下角较小的“三角图标”按钮，可逐次地缩小图片的显示比例，如图2-9所示。

图2-9 缩小图片的显示比例

（2）在“导航器”面板中单击右下角的“放大图标”按钮，可逐次地放大图片的显示比例，如图2-10所示。

图2-10　放大图片的显示比例

（3）在“导航器”面板左下角的数值框中直接输入数值后按“Enter”键，也可以将图片的显示比例进行放大或缩小，如图2-11所示。

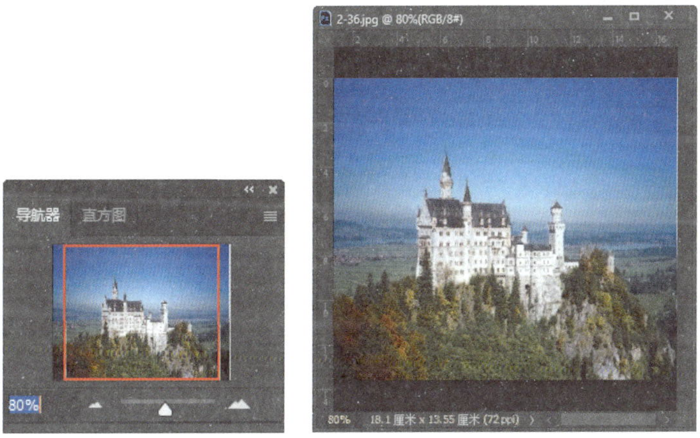

图2-11　设置参数调整图片的显示比例

2. 在图片窗口中移动显示区域

当图片超出当前显示窗口时，图片窗口的右侧和下方会分别出现垂直滚动条和水平滚动条。此时，可以直接借助滚动条在图片窗口中移动显示区域。此外，还可以借助工具箱中的“抓手”工具或“导航器”面板来改变显示区域。

1）利用“抓手”工具

利用“抓手工具”可以改变图片的显示区域，操作步骤如下。

（1）打开电脑中的一张图片，并将其放大至100%，如图2-12所示。

（2）单击工具箱中的“抓手”按钮，将光标移动到图片窗口中，按下鼠标左键拖曳，即可调整图片窗口中的显示区域，如图2-13所示。

图2-12　打开素材图片一城堡

图2-13　利用“抓手”工具改变图片的显示区域

2）利用“导航器”面板

利用“导航器”面板改变图片显示区域的方法如下。

（1）打开电脑中存放的一张图片，如图2-14所示。

（2）打开“导航器”调板，将鼠标光标移动到“导航器”面板中的红色方框内，此时光标显示为“ ”，如图2-15所示。

图2-14　打开素材图片一木屋

图2-15　“导航器”面板

（3）按下鼠标左键拖曳，移动红色方框的位置，即可调整图片窗口中的显示区域，如图2-16所示。

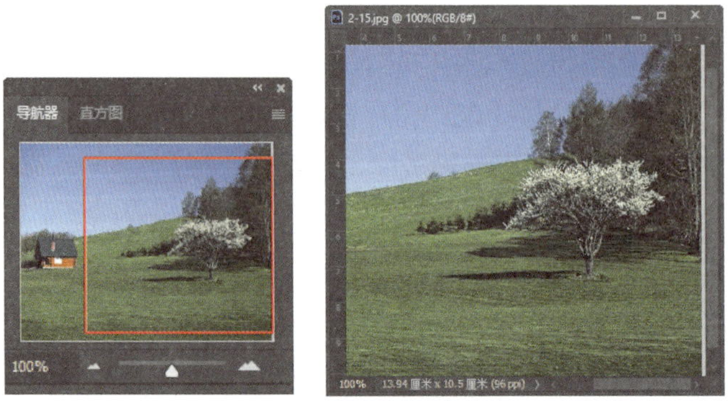

图2-16　利用“导航器”面板改变图片的显示区域

案例——查看图片细节

（1）执行“文件”→“打开”菜单命令，打开“源文件/项目二/衣服.jpg”图片，如图2-17所示。

（2）先单击工具箱中的“缩放工具”按钮，再将图片放大，查看图片细节，如图2-18所示。

图2-17　打开素材图片—衣服

图2-18　放大显示图片细节

（3）单击工具箱中的“抓手工具”按钮，将鼠标光标移至图片窗口中，此时鼠标光标会变为抓手图标，然后单击并拖曳鼠标左键，即可移动图片窗口中显示的区域，查看领口设计，如图2-19所示。

（4）执行“视图”→“按屏幕大小缩放”菜单命令，缩放图片，查看整体效果，如图2-20所示。

图2-19　查看领口设计

图2-20　查看整体效果

三、为商品添加注释信息

在编辑商品图片时，为了保留一些与图片相关的重要信息，如拍摄时间、商品特征等，可以在图片中加入注释信息。

案例——给图片添加注释信息

（1）执行“文件”→“打开”菜单命令，打开“源文件/项目二/衣服.jpg”图片。

（2）先按住工具箱中的“吸管工具”按钮不放，再在弹出的隐藏工具中单击“注释工具”按钮，将鼠标光标移至需要添加注释信息的位置并单击鼠标左键，即可添加一个注释图标，如图2-21所示。

（3）执行“窗口”→“注释”菜单命令，打开“注释”面板，在该面板的文本框中输入文本，如图2-22所示。

图2-21　添加注释图标

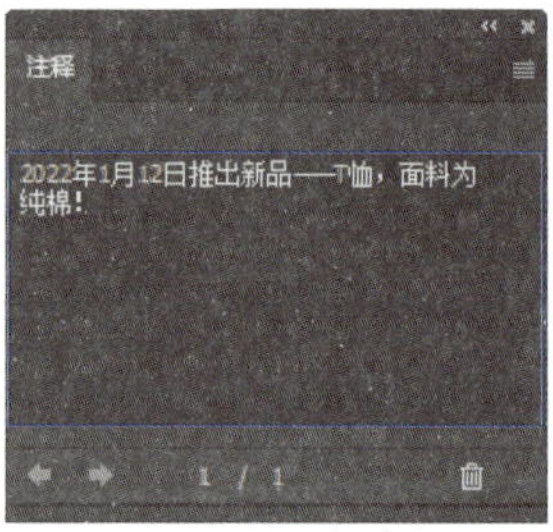

图2-22　在“注释”面板中输入文本

四、网店装修图片的保存

要保存图片，可执行“文件”→“存储”菜单命令（或按“Ctrl+S”键）。如果该图片为新图片，此时系统将打开如图2-23所示的“存储为”对话框。用户通过该对话框可以设置文件名和保存类型。

案例——指定图片的保存位置

（1）执行“文件”→“打开”菜单命令，打开上一个案例中添加完注释的图片文件。

（2）这是已完成的衣服图片，为了便于管理图片，可以将图片重新存储于指定位置，执行“文件”→“存储为”菜单命令，打开“存储为”对话框，如图2-23所示。

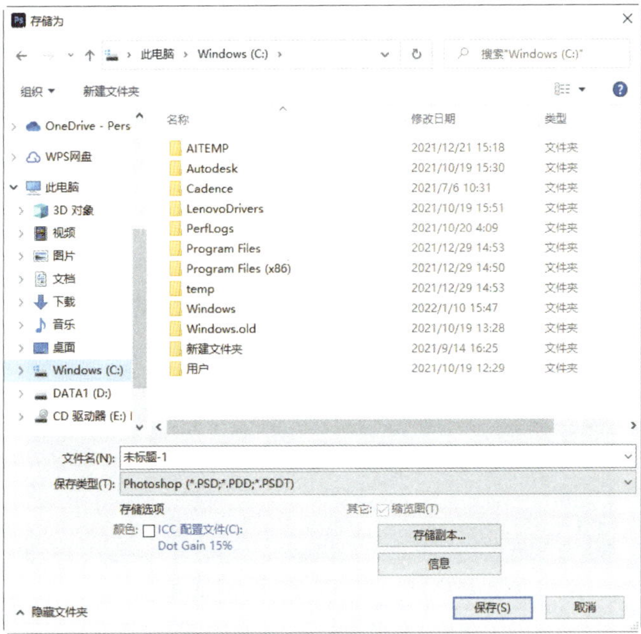

图2-23　“存储为”对话框

（3）为便于以后可以随时更改图片，这里采用默认的“*.PSD”保存格式，然后选择“上新商品”文件夹，将新款衣服图片放置到指定位置，单击“保存”按钮即可，如图2-24所示。

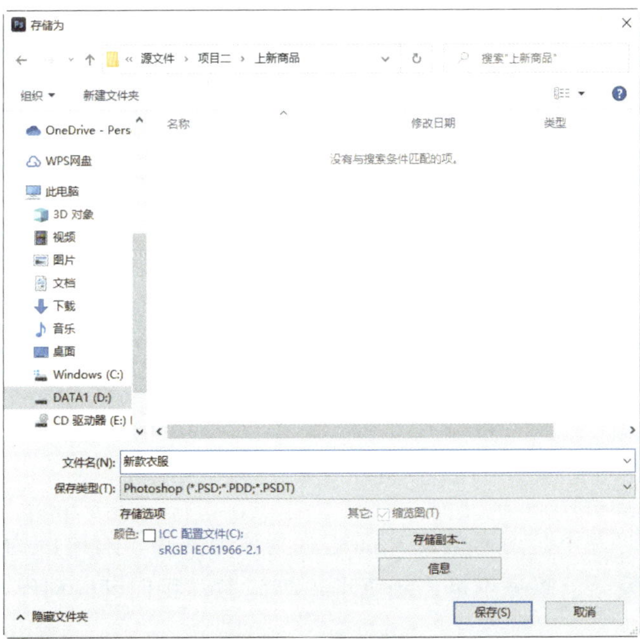

图2-24　指定保存位置

（4）将图片存储为PSD格式后，如果要查看图片效果，就需要使用Photoshop软件，对于没有安装此软件的用户来说就非常麻烦，所以在存储时也可以将图片另存为其他格式。执行“文件”→“存储为”菜单命令，打开“另存为”对话框，对话框中的文件名不变，选择保存类型为“*.TIFF”格式，然后单击“保存”按钮，弹出“TIFF 选项”对话框，如图 2-25 所示，然后在对话框中单击“确定”按钮，在弹出的对话框中再单击“确定”按钮，即可存储图片。

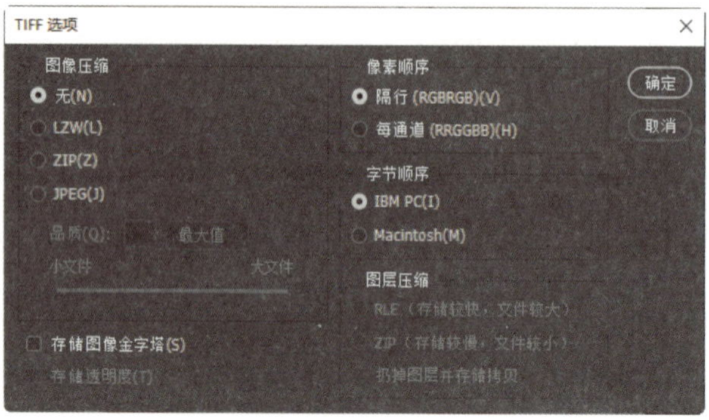

图2-25 “TIFF 选项”对话框

任务总结

通过本任务的学习，小红对 Photoshop 有了大体的了解，并学会了如何新建与打开图片。此外，对查看商品图片的细节、添加注释信息及图片的保存等有了比较全面的认识。

任务 2 图片调色

任务引入

小红在拍摄商品时，发现拍出来的图片颜色偏暗，那么，怎样使用 Photoshop 调整图片的明暗度呢？

知识准备

在拍摄商品时并不是所有的图片都能达到理想效果，有时因为环境等因素，拍出的图片会出现发暗、曝光不足、颜色不正等问题。我们可以利用 Photoshop 校正此类问题。

图片调整是指对图片的色相、饱和度、对比度等的调整，Photoshop 的图片调整命令均集中在“图像”→“调整”菜单中，打开菜单后，可选择相应的命令对图片进行调整。使用这些命令可以调整选中的整个图层的图片或是选取范围内的图片。“调整”菜单如图2-26所示。

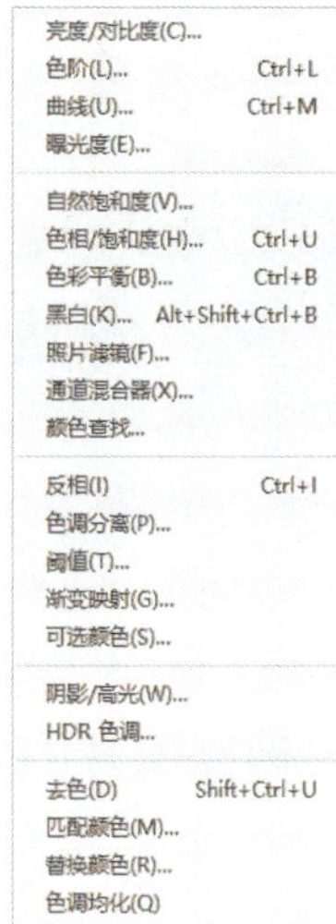

图2-26　“调整”菜单

一、调整偏色的商品图片

拍摄环境会影响商品图片的最终颜色，有时还会出现偏色的情况，此时就需要对偏色的商品图片进行校正，使其恢复原本的颜色。

案例——调整桃子的颜色

（1）执行“文件”→“打开”菜单命令，打开“源文件/项目二/桃子.jpg”图片，如图2-27所示。

（2）执行“图像”→“调整”→“色彩平衡”菜单命令，打开“色彩平衡”对话框，在“色调平衡”选区中选择“中间调”单选按钮，然后输入色阶参数，如图2-28所示。

图2-27　打开素材图片—桃子

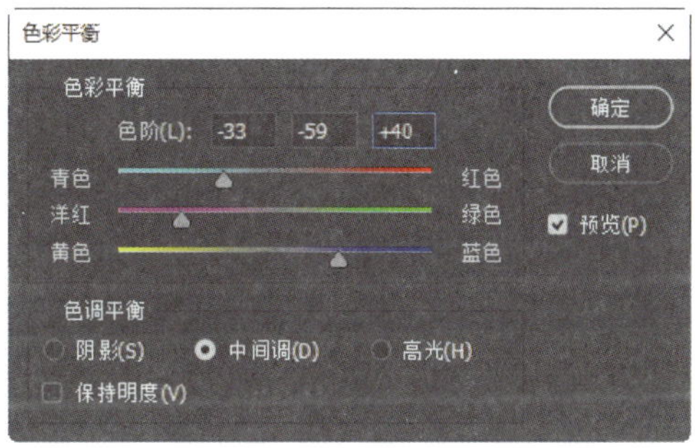

图2-28　设置中间调参数

（3）在“色调平衡”选区中选择“高光”单选按钮，然后输入色阶参数，如图2-29所示，设置后的效果如图2-30所示。

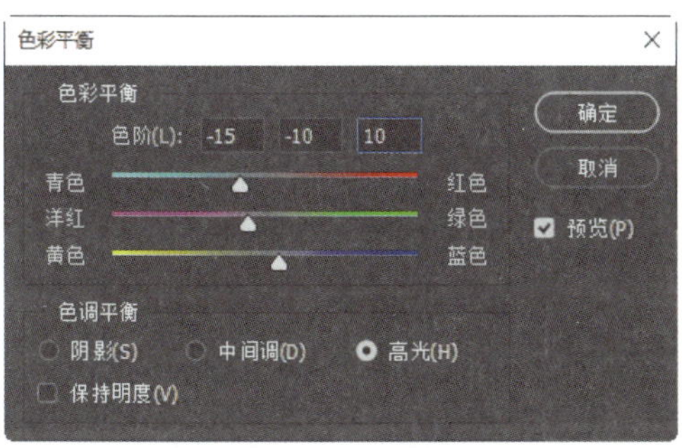

图2-29　设置高光参数

图2-30　设置后的效果

（4）执行“图像”→“调整”→“亮度/对比度”菜单命令，打开“亮度/对比度”对话框，输入参数，如图2-31所示，最终效果如图2-32所示。

图2-31　“亮度/对比度”对话框

图2-32　最终效果

二、调整图片的对比度

拍摄时由于对相机控制得不好，再加上光线过强，拍摄出来的图片会整体发白，对比不够强烈，此时，我们可以使用Photoshop对发白的图片进行对比度的调整。

案例——调整水果的对比度

（1）执行“文件”→“打开”菜单命令，打开“源文件/项目二/水果.jpg”图片，如图2-33所示。

（2）先单击“图层”面板底部的“创建新的填充或调整图层”按钮，再在弹出的快捷菜单中选择“色阶”选项，如图2-34所示。

图2-33　打开素材图片—水果

图2-34　选择“色阶”选项

（3）打开如图2-35所示的色阶“属性”面板，输入参数，调整色阶后的效果如图2-36所示。

（4）执行“图像”→“调整”→“亮度/对比度”菜单命令，打开如图2-37所示的“亮度/对比度”对话框，输入参数，最终效果如图2-38所示。

技巧：对于初学者来说，可能不习惯使用对话框，因此可以直接执行“图像”→“自动对比度”菜单命令进行快速调整。

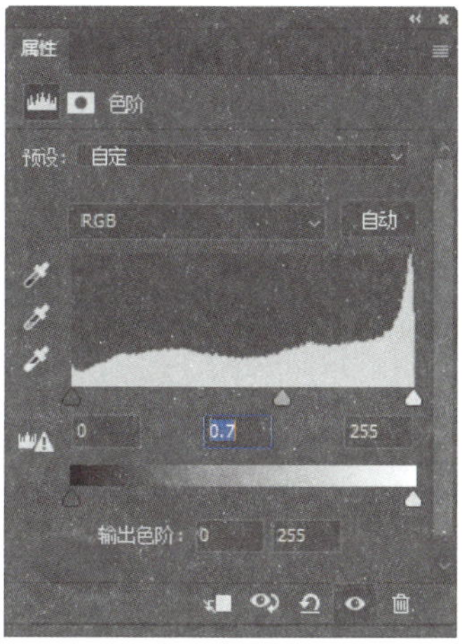

图2-35　色阶“属性”面板

图2-36　调整色阶后的效果

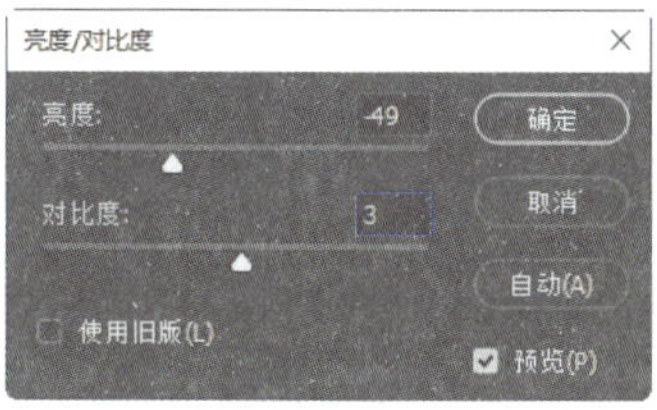

图2-37　“亮度/对比度”对话框

图2-38　最终效果

三、调整曝光不足的图片

曝光度会直接影响图片的明亮程度，曝光过度会导致商品高光部分的细节丢失，而曝光不足可能会导致商品阴影部分的细节丢失。

案例——调整图片亮度

（1）执行“文件”→“打开”菜单命令，打开“源文件/项目二/背景1.jpg”图片，如图2-39所示。

（2）执行“图像”→“调整”→“色阶”菜单命令，打开如图2-40所示的“色阶”对话框，设置参数，调整色阶后的效果如图2-41所示。

（3）执行“图像”→“调整”→“亮度/对比度”菜单命令，打开“亮度/对比度”对话框，设置参数，如图2-42所示。

（4）执行“图像”→“调整”→“曝光度”菜单命令，打开如图2-43所示的“曝光度”对话框，设置参数，调整曝光度后的效果如图2-44所示。

图2-39　打开素材图片—背景 1

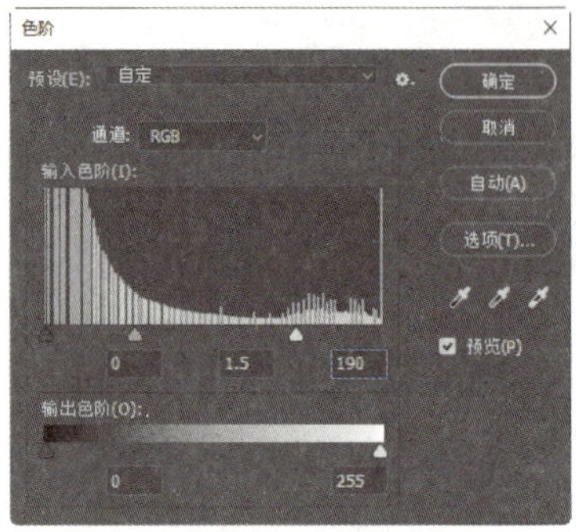

图2-40　“色阶”对话框

图2-41　调整色阶后的效果

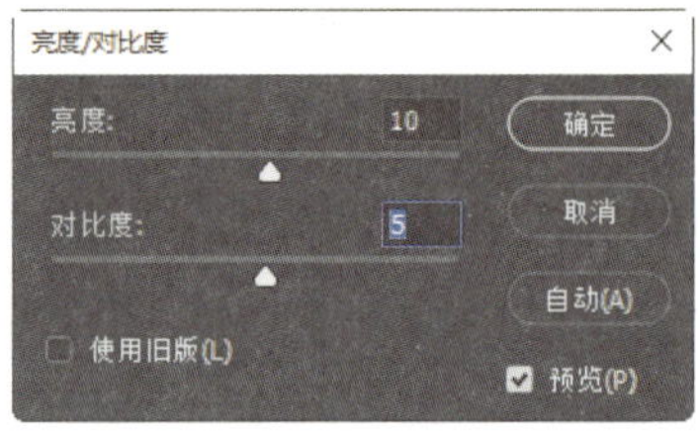

图2-42　“亮度/对比度”对话框

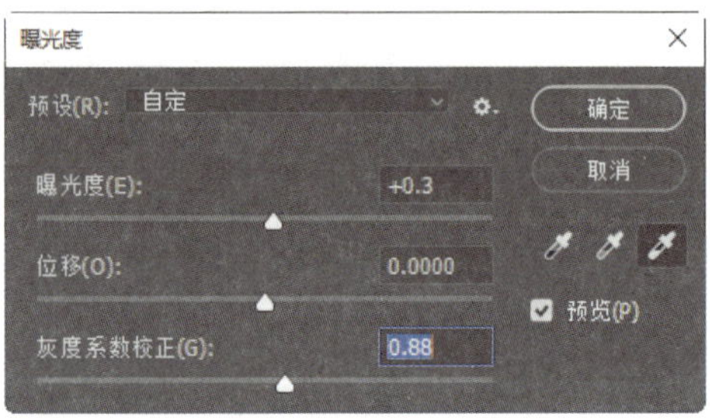

图2-43　“曝光度”对话框

图2-44　调整曝光度后的效果

（5）执行“图像”→“调整”→“阴影/高光”菜单命令，打开如图2-45所示的“阴影/高光”对话框，设置参数，最终效果如图2-46所示。

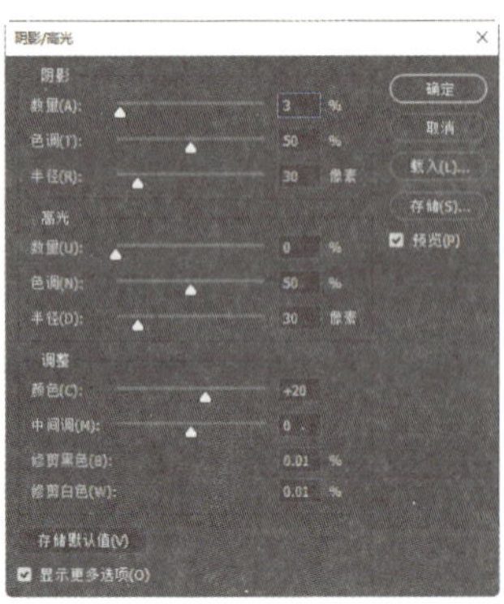

图2-45　“阴影/高光”对话框

图2-46　最终效果

四、自由更改图片中的颜色

网店销售的商品往往有多种不同的颜色供顾客选择，很多时候为了节省拍摄成本，会在完成其中一种颜色的商品拍摄后，通过后期处理调出与其他商品颜色相符的多种颜色。在Photoshop中可以使用“可选颜色”功能自由更改图片中的商品颜色，得到色彩更为丰富的商品效果。

案例——改变衣服颜色

（1）执行“文件”→“打开”菜单命令，打开“源文件/项目二/衣服1.jpg”图片，如图2-47所示。

（2）由于只需要调整单个颜色，因此可以使用“可选颜色”功能进行处理。执行“窗口”→“调整”菜单命令，打开“调整”面板，如图2-48所示。

图2-47 打开素材图片—衣服1

图2-48 “调整”面板

（3）单击“调整”面板中的“可选颜色”按钮，打开“属性”面板，在“颜色”下拉列表中勾选“青色”复选框，如图2-49所示。

（4）然后对颜色的百分比进行设置，如图2-50所示，最终效果如图2-51所示。

图2-49 在“属性”面板选择颜色

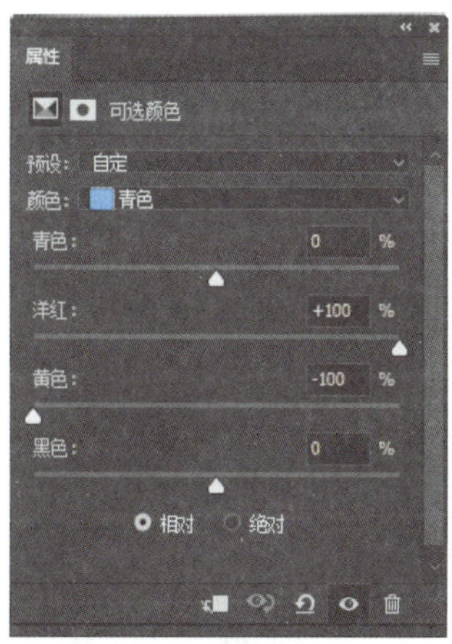

图2-50 设置颜色百分比

图2-51　最终效果

任务总结

通过本任务的学习，小红对图片的调色有了大体的了解，并学会了如何调整偏色和曝光不足的图片，以及如何更改图片的颜色和对比度。

任务3　图片修饰

任务引入

小红拍摄了一组图片后，发现图片背景不够美观，如果想要去掉背景，就需要进行抠图处理，那么，怎样对图片进行抠图操作呢？抠图的技巧有哪些呢？

知识准备

一、调整图片尺寸

为了给后期的图片处理留下更多的调整空间，拍摄时相机中所设置的图片尺寸一般相对较大，通常会达到2MB。如果将这样的图片作为商品介绍上传到互联网，就会占用较大的存储空间，并且会增加顾客浏览时等待的时间。为了解决这个问题，在后期的图片处理时应当对图片的尺寸进行调整。

1. 调整图片的大小

若要调整当前图片的大小，则可执行“图像”→“图像大小”菜单命令，此时会弹出“图像大小”对话框，如图2-52所示。

（1）“图像大小”：此选项表示图片所占内存的大小。

（2）“尺寸”：此选项表示图片的尺寸。

（3）“调整为”：默认显示的是原稿大小，下拉列表里面有更多的选项可供选择，如

图2-53所示。

（4）“约束比例”：调整图片大小时默认状态下是约束比例的，当单击如图2-54所示的图标时，会切换成如图2-55所示的状态，这时可以随意设置宽度和高度的数值。

（5）“分辨率”：默认状态下的分辨率是300像素，如果需要制作的图片尺寸比较大，而本身不需要那么高的像素，就可以适当调低一点像素。

图2-52　“图像大小”对话框

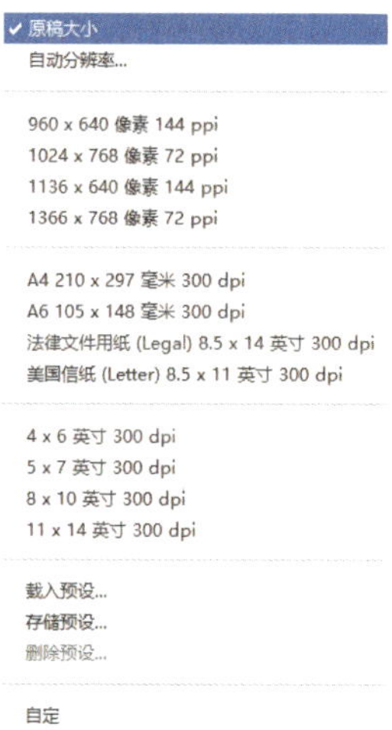

图2-53　“调整为”下列拉表

图2-54　约束比例

图2-55　放弃约束比例

2. 裁剪与倾斜校正

完成图片的拍摄后，如果只需要图片中的某部分图像，就需要把多余的部分裁掉，Photoshop中的“裁剪工具”可以对商品图片进行快速的裁剪操作。此工具通过绘制裁剪框来控制裁剪范围，因此可以根据实际需要快速裁剪图片。

1）裁剪

Photoshop中的“裁剪工具”可以将商品图片按任意大小进行裁剪，也可以按固定数值进行裁剪。不同店铺对图片尺寸的要求不同，下面进行详细介绍。

（1）淘宝店标：尺寸为80像素×80像素，文件格式为GIF、JPG、PNG。

（2）淘宝店招：宽度为950像素，高度建议不超过120像素，文件格式为GIF、JPG、PNG。

（3）淘宝主图：尺寸为800像素×800像素，文件格式为GIF、JPG、PNG。

（4）淘宝直通车图片：尺寸为800像素×800像素，文件格式为GIF、JPG、PNG。

（5）淘宝轮播图：不同区域的轮播图的宽度不同，高度为100～600像素，宽度为1920像素、950像素、750像素和190像素，文件格式为GIF、JPG、PNG。

（6）淘宝商品详情页：宽度为750像素，高度可以根据内容自行设置，文件格式为GIF、JPG、PNG。

（7）天猫商品详情页：宽度为790像素或750像素，高度不限，文件格式为GIF、JPG、PNG。

（8）唯品会网店首页：宽度为1920像素，高度不限，文件格式为GIF、JPG、PNG。

（9）唯品会主图：尺寸为1100像素×1390像素，文件格式为GIF、JPG、PNG。

（10）唯品会商品详情页：宽度为990像素，高度不限，文件格式为GIF、JPG、PNG。

（11）京东网店首页：宽度为1920像素，高度不限，文件格式为GIF、JPG、PNG。

（12）京东商品详情页：宽度为990像素，高度不限，文件格式为GIF、JPG、PNG。

（13）京东主图：尺寸为800像素×800像素，文件格式为GIF、JPG、PNG。

2）倾斜校正

若拍摄时，相机的光轴与视平线不平行，就会使拍摄出的图片出现一定程度的倾斜，此时，使用Photoshop可以快速对图片进行倾斜校正。

案例——调整花瓶

（1）执行“文件”→“打开”菜单命令，打开“源文件/项目二/花瓶.jpg”图片，如图2-56所示。

（2）执行“图像”→“画布大小”菜单命令，打开“画布大小”对话框，如图2-57所示，然后对图片进行倾斜校正。

（3）单击工具箱中的“裁剪工具”按钮，出现如图2-58所示的裁剪框，将鼠标光标放置到裁剪框的右上角，此时光标变成像拐角一样的双向箭头，任意旋转拐角的方向，调整花瓶的位置，按回车键，完成花瓶的调整，花瓶的最终效果如图2-59所示。

图2-56　打开素材图片—花瓶

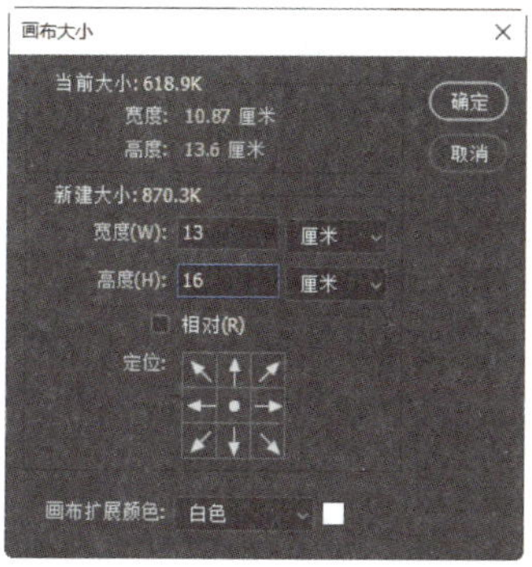

图2-57　“画布大小”对话框

图2-58　旋转拐角的方向

图2-59　花瓶的最终效果

3）裁剪细节图片

细节图片的好坏在一定程度上决定了一款商品是否能够在第一时间吸引消费者，大量的细节图片可以表现商品的各种外观性能。细节图片可以通过放大裁剪原图获得，但是该方法只适合清晰的商品图片。操作步骤为打开一张商品图片，单击工具箱中的“裁剪工具”按钮，拖动控制点以确认裁剪区域，完成后单击非裁剪区域即可完成细节部分的裁剪操作，裁剪细节图片的操作过程图如图2-60所示。

图2-60　裁剪细节图片的操作过程图

二、网店图片的抠图技巧

无论是为单一的商品替换背景，还是为一系列商品替换背景，都需要对商品本身进行抠图。

1. 规则形状的抠图

想将拍摄好的商品图片整体移动到自己喜欢的背景中，对商品图片进行规则几何抠图即可，常用的工具是“矩形选框工具”和“椭圆形选框工具”。

用“矩形选框工具”和“椭圆形选框工具”可制作任意的矩形选区和椭圆形选区，如果同时按下“Shift”键，选区将被分别约束为正方形和圆形，如图2-61所示。

图2-61　矩形选区和椭圆形选区被约束为正方形和圆形

2. 简单背景的抠图

在对拍摄的商品图片进行抠图时，如果背景色是单色的，就可以直接使用“快速选择工具”和“魔棒工具”进行抠取，其抠取方法基本相同。

使用快速选择工具可以快速地在图片中对需要选取的部分建立选区。使用快速选择工具创建选区的方法如下：

（1）执行“文件”→“打开”菜单命令，在弹出的“打开”对话框中，打开电脑中的瓷娃娃图片，如图2-62所示。

（2）单击工具箱中的“快速选择工具”按钮，在瓷娃娃图片上按下鼠标左键拖曳，然后单击其属性栏中的“添加到选区”按钮和“从选区减去”按钮创建选区，如图2-63所示。

图2-62　打开素材图片—瓷娃娃

图2-63　创建的选区

魔棒工具用于自动定义颜色相近的区域。当一幅图片中的某些部分颜色相近，而又希望选择该区域时，可用魔棒工具进行选择。魔棒工具的属性栏如图2-64所示。

图2-64　魔棒工具的属性栏

例如，要选取除了老鹰的蓝色部分，可使用魔棒工具，设置容差为50（因为图中的蓝色并不是很均匀），然后在蓝色区域中单击鼠标左键，即可获得选区，如图2-65所示。

图2-65　用“魔棒工具”选取蓝色区域后效果

3. 复杂背景的抠图

拍摄商品的类型不同，形状也会不同，在对不规则形状的商品进行抠图时，就需要使用一些操作比较复杂的工具。Photoshop 2022版中提供了3种套索工具，分别是“套索工具”、“多边形套索工具”和“磁性套索工具”，使用这3种工具可以非常方便地制作不规则区域。

1）套索工具

使用套索工具可定义任意形状的区域，它主要用于创建对精确度要求不高的选区。下面我们通过一个小实例来让读者掌握其具体操作方法。

（1）执行“文件”→“打开”菜单命令，在弹出的“打开”对话框中，分别打开一张人物图片和一张用作背景的图片，如图2-66所示。

图2-66　打开素材图片

（2）单击工具箱中的“套索工具”按钮，在属性栏中设置羽化值为5像素，然后在人物图片窗口中创建出人物选区，如图2-67所示。

（3）执行“编辑”→“拷贝”菜单命令，将选区中的图片进行复制，然后在人物图片窗口中单击鼠标左键，将其激活，执行“编辑”→“粘贴”菜单命令，将复制的图片进行粘贴，并适当调整其位置，调整后的效果如图2-68所示。

图2-67　创建的人物选区

图2-68　调整后的效果

2）多边形套索工具

使用多边形套索工具可以制作出极其不规则的多边形形状，它的选择区域比较精确，因此一般用于选取一些复杂的，但棱角分明、边缘呈直线的图形。

操作步骤：单击工具箱中的“多边形套索工具”按钮，并单击鼠标左键创建起点，然后单击每个落点确定每条直线，最后将鼠标光标移回到起点处，当鼠标光标的右下角出现圆形标识时，单击鼠标左键，从而形成闭合曲线。

技巧：在使用多边形套索工具绘制选区时，按“Shift”键可沿水平、垂直或45度角的方向绘制选区，在终点没有与起始点重叠时，双击鼠标左键或按“Ctrl”键的同时单击鼠标左键即可创建封闭选区。

3）磁性套索工具

磁性套索工具适用于选择与背景颜色反差较大的图像，它会根据选择的图形边界的像素点颜色与背景颜色的差别自动勾画出选区边界。图形颜色与背景颜色的反差越大，选取的精确度就越高，因此使用该工具可以精确定位图形边界。

下面我们通过一个小实例来让读者掌握磁性套索工具的具体操作方法。

（1）执行“文件”→“打开”菜单命令，在弹出的“打开”对话框中，打开图片，如图2-69所示。

（2）单击工具箱中的“磁性套索工具”按钮，在其属性栏中设置羽化值为10像素，将鼠标光标移至鹿的头部，按下鼠标左键并拖曳，定义要选择的区域，释放鼠标左键后，系统会自动用直线将起点和终点连接起来，形成一个封闭的选区，如图2-70所示。

（3）单击工具箱中的“移动工具”按钮，将选区内的图形移动复制到另一张打开的图片窗口中，并适当调整其位置。然后按“Ctrl+T”键为图形添加自由变形框，适当调整图形的大小后按“Enter”键确定，效果如图2-71所示。

图2-69　打开素材图片

图2-70　制作的选区

图2-71　将选区内的图形移至新打开的图片窗口中

4. 精细商品的抠图

单击工具箱中的“钢笔工具”按钮，可以精确地绘制出直线或光滑的曲线，还可以创建形状图层。该工具的使用方法非常简单，只要在页面中选择一个点单击鼠标右键，再移动到下一个点单击鼠标右键，就会创建直线路径；在下一个点按鼠标左键并拖曳会创建曲线路径，按“Enter”键后，绘制的路径会形成不封闭的路径，在绘制路径的过程中，当起始点的锚点与终点的锚点相交时，鼠标光标会变成“”，此时单击鼠标左键，系统会将该路径创建成封闭的路径。

案例——制作美丽的沙滩

（1）执行“文件”→“打开”菜单命令，打开“源文件/项目二/海螺.jpg”图片和“源文件/项目二/沙滩.jpg”图片，如图2-72和图2-73所示。

图2-72　海螺

图2-73　沙滩

（2）先单击工具箱中的“钢笔工具”按钮，在海螺上选择一个边缘点，将其作为起点，再沿着海螺的边缘轮廓创建平滑点，如图2-74所示。

（3）在海螺图片上单击鼠标右键，弹出快捷菜单，选择“建立选区”选项，如图2-75所示，然后在如图2-76所示的“建立选区”对话框中设置羽化半径为1，调整后的效果图如图2-77所示。

图2-74　创建平滑点

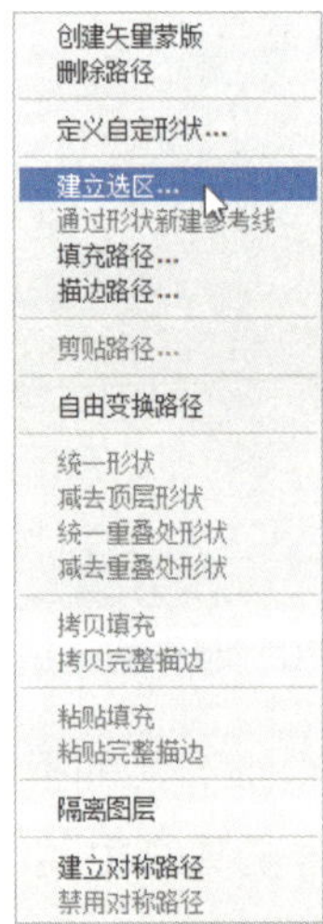

图2-75　选择“建立选区”选项

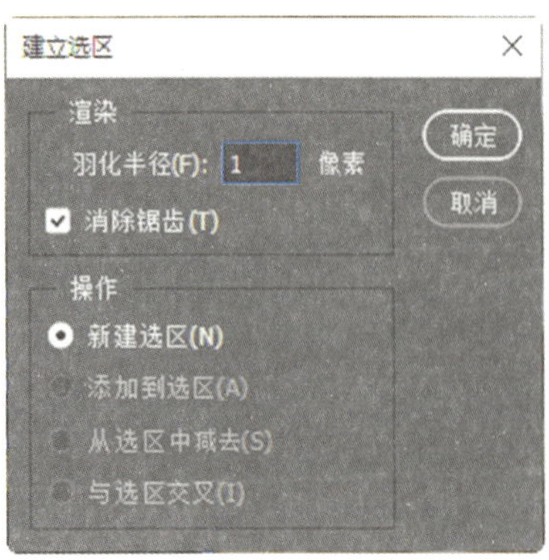

图2-76　“建立选区”对话框

图2-77　调整后的效果图

（4）将海螺选区拖曳到沙滩图片上，按“Ctrl+T”键调整大小，并且复制多个海螺选区，最终效果如图2-78所示。

图2-78　最终效果

5. 半透明商品的抠取

在Photoshop中对半透明对象进行抠图，可以在“通道”面板中完成。下面通过一个实例讲解使用方法。

（1）执行“文件”→“打开”菜单命令，打开一张素材图片，如图2-79所示。

（2）先打开如图2-80所示的“通道”面板，再选择红色通道，并复制红色通道用于接下来的抠图操作。

图2-79　打开素材图片

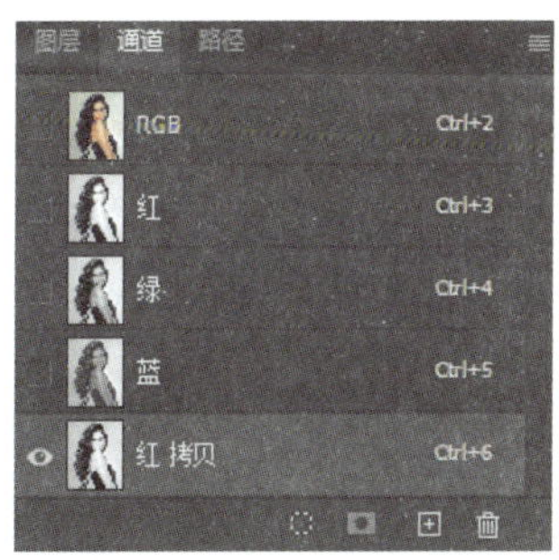

图2-80　“通道”面板

（3）执行“图像”→“调整”→“色阶”菜单命令，或者按“Ctrl+L”键，打开如图2-81所示的“色阶”对话框，然后进一步加强红色通道的黑白对比度，效果如图2-82所示。

（4）执行“图像”→“调整”→“反相”菜单命令，或者按“Ctrl+I”键执行反相操作，效果如图2-83所示，并再次使用色阶命令调整黑白对比度。

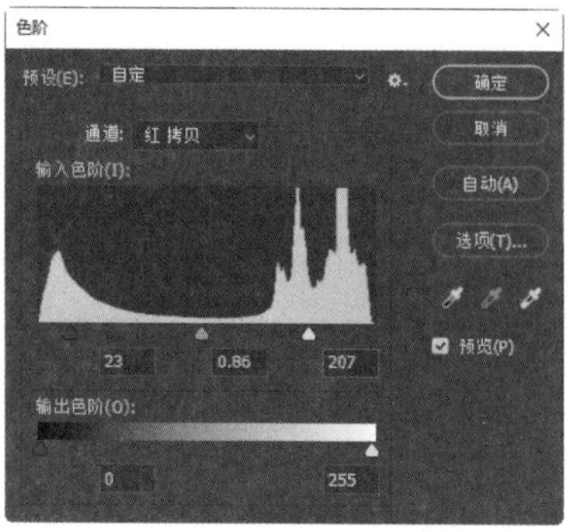

图2-81 “色阶”对话框

图2-82 调整黑白对比度后的效果

图2-83 反相操作后的效果

（5）执行“图像”→“调整”→“曲线”菜单命令，或者按“Ctrl+M”键。在打开的如图2-84所示的“曲线”对话框中调整好参数，并进一步加强图片的黑白对比度，效果如图2-85所示。

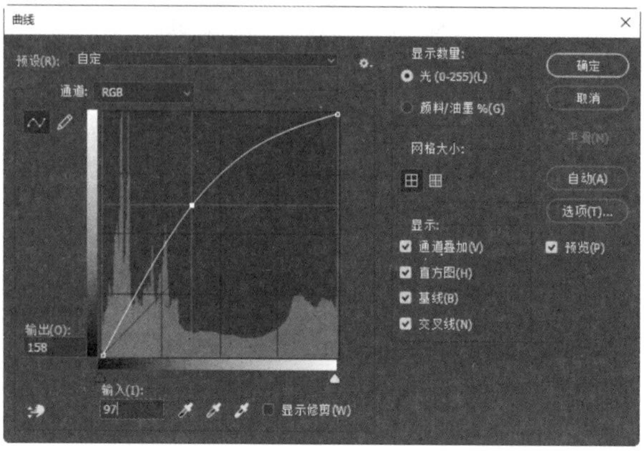

图2-84 “曲线”对话框

图2-85 加强黑白对比度

（6）使用画笔工具，设置画笔像素为300，将人物的黑色部分全部涂白，如图2-86所示。

（7）先将红色通道设置为当前图层，然后单击“通道”面板上的“将通道作为选区载入”按钮▣，这时人物的轮廓呈选区状态，如图2-87所示。

图2-86 将人物的黑色部分全部涂白

图2-87 创建选区

（8）选择显示完整彩色图片的 RGB 通道，如图 2-88 所示。然后打开“图层”面板，并按“Ctrl+J”键复制选区，得到一个新图层，如图 2-89 所示。

（9）打开一张素材背景图片，将其拖曳到人物图层的下方，并调整好位置，效果如图 2-90 所示。

图 2-88　选择 RGB 通道

图 2-89　新图层

图 2-90　添加背景

三、网店图片的瑕疵修复

通过相机拍摄的商品图片常常会出现一些瑕疵，如曝光过度、明暗关系不明显、存在污点、背景与商品主次不清等情况。除了前面讲到的图片调色，我们还可以对图片瑕疵进行修复，使其看起来更加美观。

1. 污点修复画笔工具

污点修复画笔工具主要用于快速修复图片中的污点和其他的不理想部分。

下面我们通过一个例子来展示污点修复画笔工具的具体应用。

（1）打开一张素材图片，如图 2-91 所示。

（2）单击工具栏中的“污点修复画笔工具”按钮，设置像素大小为 50，然后单击污点处，这时我们发现污点逐步消失，如图 2-92 所示。

图 2-91　打开素材图片

图 2-92　使用污点修复画笔工具后的效果

2. 修复画笔工具和修补工具

使用修复画笔工具能够修复图片中的瑕疵，使用该工具修复时，可以利用样本像素进行绘画。

使用修补工具可以使用其他区域或图片中的像素来修复选区内的图像。修补工具与修复画笔工具一样，能够将样本像素的纹理、光照的阴影等与源像素进行对比；不同的是前者通过画笔对图像进行修复，后者通过选区对图像进行修改。

3. 红眼工具

在夜晚的灯光下或使用闪光灯拍摄人物照片时，通常会出现眼球变红的现象，这种现象称为红眼现象。利用Photoshop中的红眼工具，就可以修复人物照片中的红眼，同样也可以修复动物照片中的白色反光或绿色反光。

下面我们通过一个例子来展示红眼工具的具体应用。

（1）打开一张素材图片，如图2-93所示。

（2）单击工具栏中的“红眼工具”按钮，然后单击眼睛上的红色部分。这时我们会发现红眼消失了，如图2-94所示。

图2-93　打开素材图片

图2-94　使用红眼工具后的效果

4. 仿制图章工具和图案图章工具

使用仿制图章工具修图时，可以先从当前图片中取样，然后将样本应用到其他图片或同一个图片的其他部分；也可以将一个图层的一部分复制到另一个图层。图2-95和图2-96分别展示了原图和使用仿制图章工具后的图片。

图2-95　原图

图2-96　使用仿制图章工具后的图片

图案图章工具不在当前图片中取样，使用该工具可以从已有图案中选择图案或自己创建图案。图2-97和图2-98分别展示了原图和使用图案图章工具后的图片。

图2-97　原图

图2-98　使用图案图章工具后的图片

任务总结

通过本任务的学习，小红对调整图片尺寸、抠图技巧和图片的瑕疵修复已有所了解，并掌握了如何运用 Photoshop 中的工具去修复图片。

项目总结

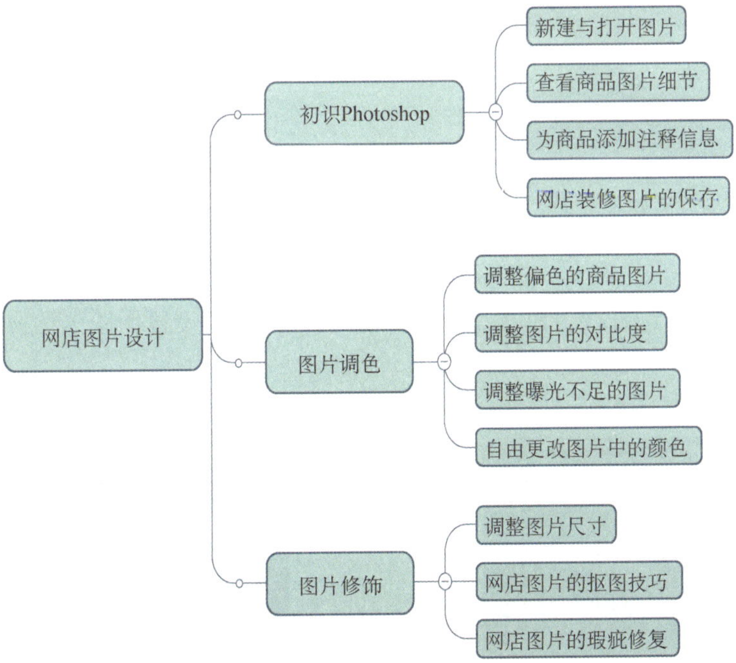

项目实战

实战　汽车变色

（1）执行“文件”→“打开”菜单命令，打开素材文件，如图2-99和图2-100所示。

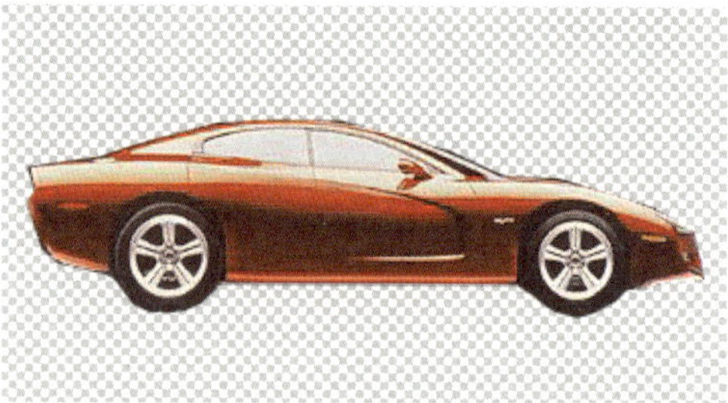

图2-99　汽车

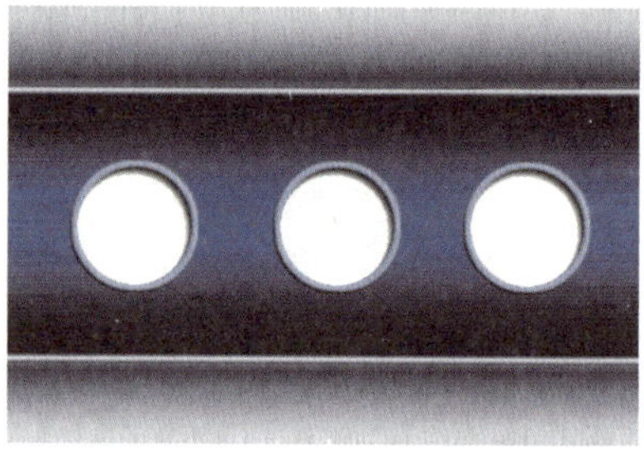

图2-100　界面

（2）将汽车复制到界面的一个图层中（图层1），然后执行“编辑”→“自由变换”菜单命令，适当变换汽车的大小，并将其置于如图2-101所示的位置。

（3）继续复制汽车，并将其放置到中间的圆中，再选中汽车，执行“图像”→“调整”→“反相”菜单命令，效果如图2-102所示。

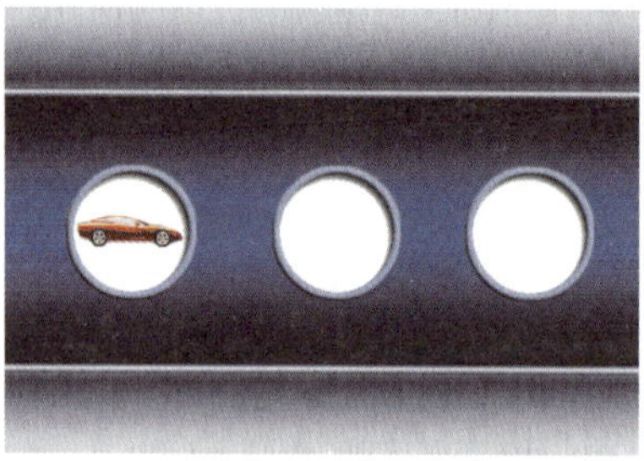

图2-101　将汽车放置到左侧的圆中

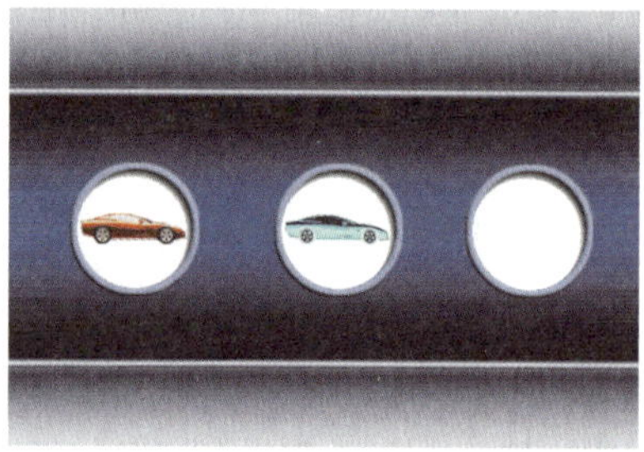

图2-102　将汽车放置到中间的圆中后的效果

（4）再次复制红色汽车，将其移至右侧的圆中，执行“图像”→“调整”→“色相/饱和度”菜单命令，打开“色相/饱和度”对话框，参数设置如图2-103所示，最终效果如图2-104所示。

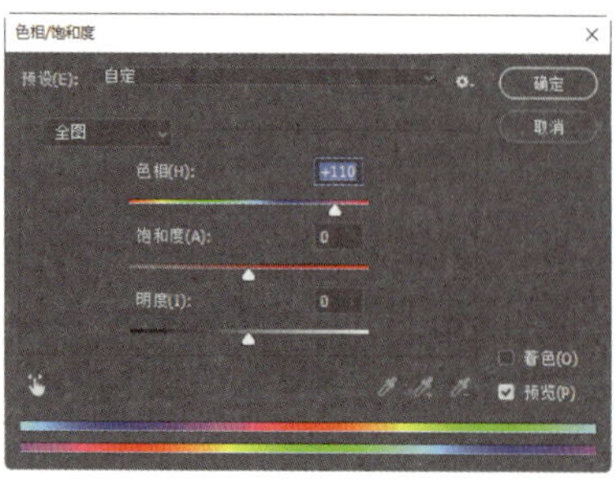

图2-103　设置“色相/饱和度”参数

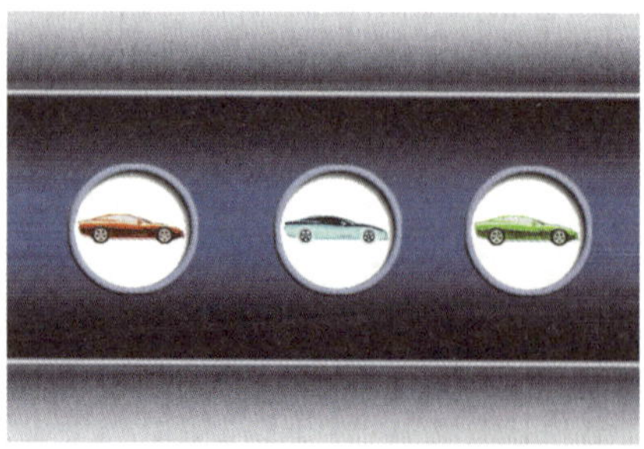

图2-104　最终效果

项目三

网店文字和图形应用

素质目标

- 坚持以美育人、以文化人，提高读者的审美和人文素养。
- 能够把固化的东西活学，培养创新意识。

技能目标

- 了解文字的基础设计。
- 掌握特效字的制作方法。
- 掌握图形的应用。

项目导读

在网店美工中，文字不仅仅是用来描述商品信息的，它在艺术效果的表现方面也起着重要作用，文字结合绘制的图形更能吸引消费者的购买欲望。本项目主要介绍文字工具和特效字的处理方法，以及绘制各种图形的方法。

任务1 文字的基础设计

任务引入

小红在进行网店装修时，发现只有图片不能充分表达商品的信息，需要用文字配合来描述，那么，怎样运用文字工具呢？

知识准备

网店美工的最终目的是通过向消费者传递商品、活动和服务的信息来吸引消费者。在进行网店装修时，对商品图片进行处理是必不可少的环节，但是在信息传递上却有不足，这时，我们可以通过在商品图片中添加文字来清晰地表达商品的信息。

在网店美工的实际工作中，往往需要将图片和文字进行组合，从而达到更好的表现效果，文字的作用主要是介绍商品、传递商品信息等。在网店装修的过程中，需根据网店的风格和类目选择字体。字体的主要作用是从视觉上向消费者传达商家的意图，给消费者留下清晰、顺畅的视觉印象，想要达到这一效果，需考虑文字在页面中的整体布局。

在Photoshop的工具箱中有4种可供选择的文字工具，如图3-1所示。其中横排文字工具和直排文字工具用于创建文本，创建的文本将被放于系统新建的文字图层中；而横排文字蒙版工具和直排文字蒙版工具用于创建文本形状的选区，并不用于创建文字图层。

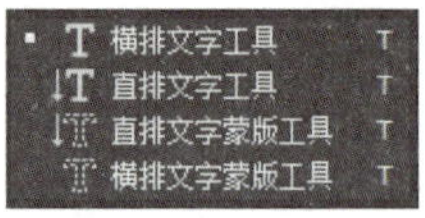

图3-1 文字工具

1. 横排文字工具和直排文字工具

1）输入文字的步骤

（1）选择文字工具。

（2）在图片上需要输入文字的位置单击鼠标左键，此时出现小的“I”图标，这就是输入文字的基线。

（3）输入所需文字，输入的文字将生成一个新的文字图层。

2）在文本框中输入文字的步骤

（1）选择文字工具。

（2）在输入文字的位置用鼠标拖曳出文本框，此时在文本框中出现小的“I”图标，这就是输入文字的基线。

2. 横排文字蒙版工具和直排文字蒙版工具

输入文字的步骤如下：

（1）选择文字蒙版工具。

（2）在图片上需要输入文字的位置单击鼠标左键，此时，出现小的“I”图标，这就是输入文字的基线。

（3）输入所需文字，与文字工具不同的是，文字蒙版工具得到的是具有文字外形的选区，不具有文字的属性，也不会像文字工具那样生成一个独立的文字层。

4种文字工具的使用效果如图3-2～图3-5所示。

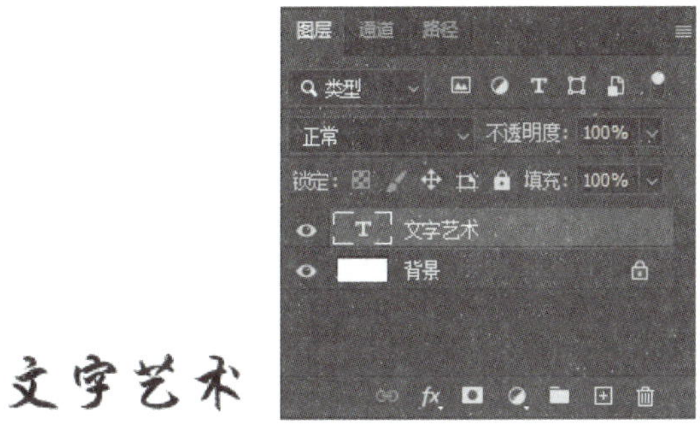

图3-2　横排文字工具

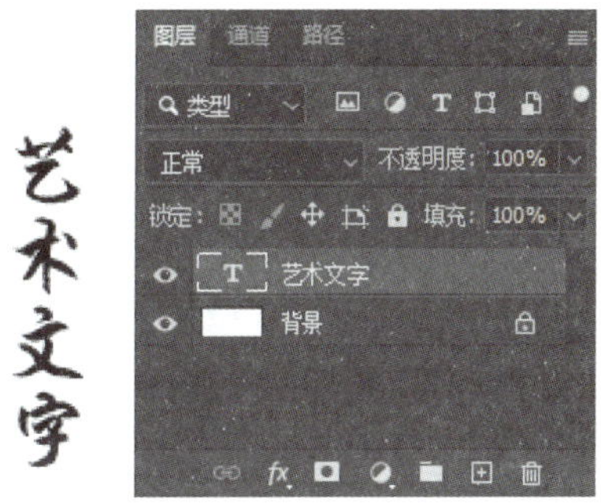

图3-3　直排文字工具

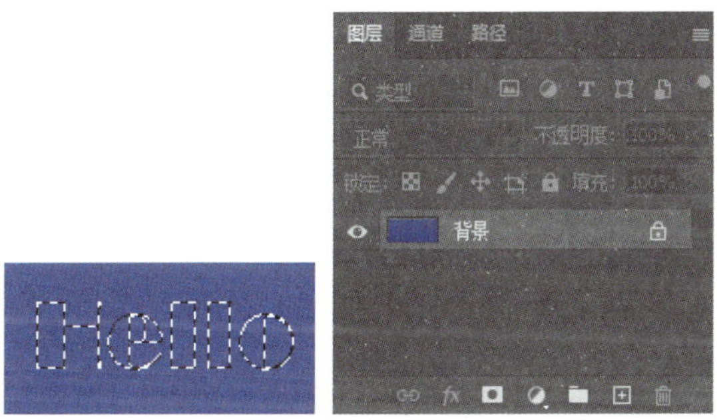

图3-4　横排文字蒙版工具

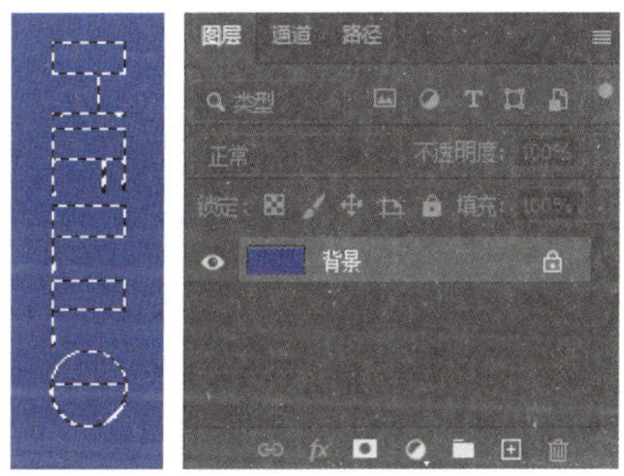

图3-5　直排文字蒙版工具

选择一种文字工具后，打开如图3-6所示的文字工具属性栏。在文字工具属性栏中可以设置文字的大小、字体等属性，单击工具属性栏左侧的“”按钮，输入文字后就可以在横排和直排之间实现快速转换了，按钮组用于设置文字的对齐方式，通常情况下颜色框显示的颜色是当前的前景色，通过颜色框可以设置字体的颜色。

图3-6　文字工具属性栏

要改变已输入文字的属性，必须先使用文字工具选中需要改变的文字，如图3-7所示，再改变字体的大小和颜色。

图3-7　选中需要改变的文字

单击工具属性栏上的“变形文字”按钮，打开如图3-8所示的“变形文字”对话框，使用该对话框可对文字的形状进行变形设置。

在“样式”下拉列表中可以选择文字的变形样式，“水平”和“垂直”单选按钮用于设置对文字是进行水平变形还是垂直变形，此外，还可以调整变形的弯曲和扭曲参数。如图3-9所示是对文字进行“旗帜”变形的示意图。

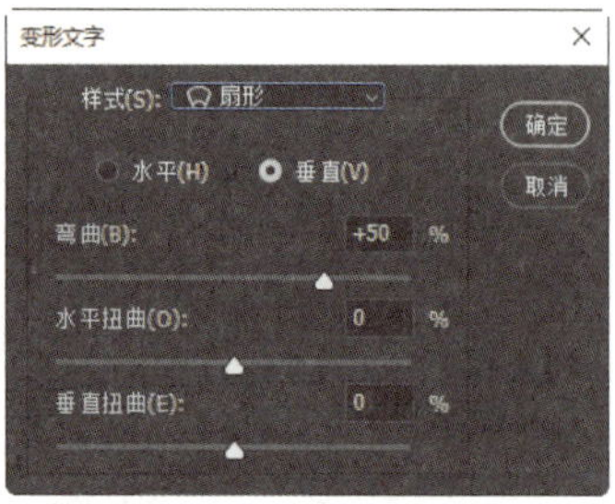

图3-8 “变形文字”对话框

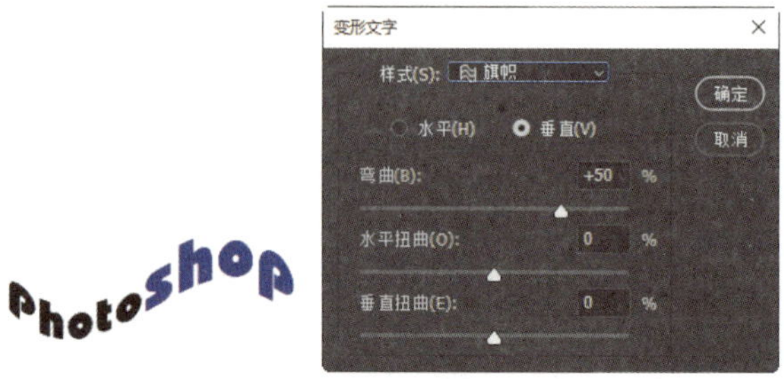

图3-9 对文字进行“旗帜”变形的示意图

单击工具属性栏上的“字符和段落”按钮，可以打开如图3-10所示的“字符”面板和“段落”面板，利用“字符”面板和“段落”面板可以对输入的文字进行进一步的调整，如文字的水平和垂直缩放比例、段落的首行缩进量等。

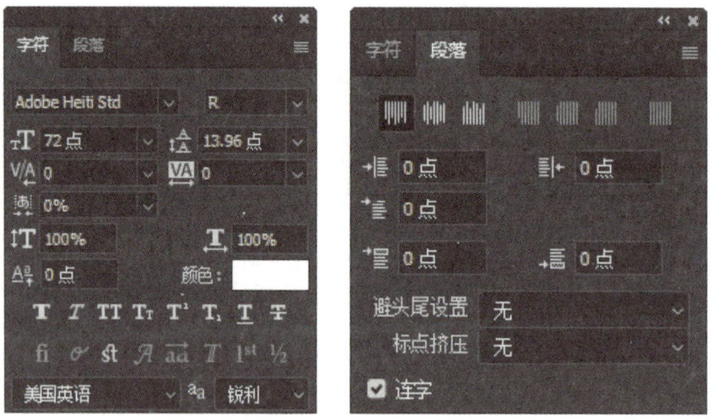

图3-10 “字符”面板和“段落”面板

如果要对文字图层执行绘画、添加滤镜等操作，就必须将文字图层转换为普通图层。因此，可以先选中文字图层，然后执行“图层”→“栅格化”→“文字”菜单命令，也可以右击该文字图层，然后在弹出的快捷菜单中选择“栅格化文字”选项。但是，即使不栅格化文字图层，也可给其添加图层样式，如给一个文字图层添加投影图层样式，如图3-11所示。

此外，还可以右击该文字图层，选择“创建工作路径”或“转换为形状”选项将文字图层内容转换为工作路径或形状，然后进行下一步的操作。

如果我们要建立段落文字，就需要选择文字工具，并将鼠标光标移动到图片窗口，按住鼠标左键不放，然后移动鼠标，在图片窗口中拖曳出一个文本框，此时会看到文字的输入点在文本框中，如图3-12所示。在文本框中输入文字，由于段落文字具有自动换

图3-11　给文字图层添加投影图层样式

行的功能，因此，在输入较多文字遇到文本框边界的时候，文字会自动转到下一行，如图3-13所示。

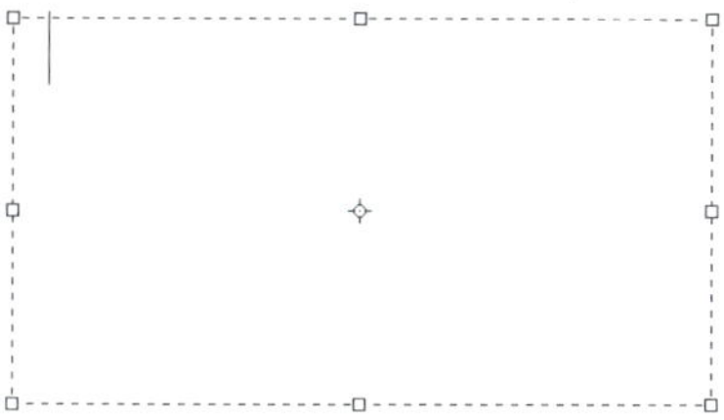

图3-12　建立段落文本框

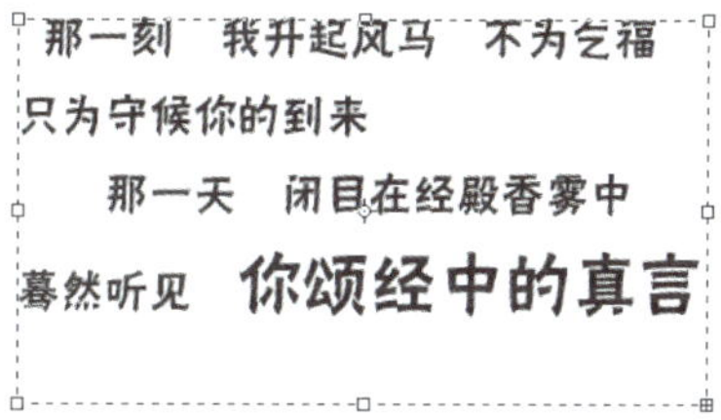

图3-13　自动换行

如果文字需要分段，按“Enter”键即可。如果输入的文字超出文本框所能容纳的大小，文本框边界上将会出现一个溢出图标⊞。

案例——为衣服添加文字

（1）执行“文件”→“打开”菜单命令，打开“源文件/项目三/衣服.jpg”图片，如图3-14所示。

（2）执行“图像”→“画布大小”菜单命令，打开“画布大小”对话框，参数设置如图3-15所示，调整画布的大小。

图3-14　打开素材图片—衣服

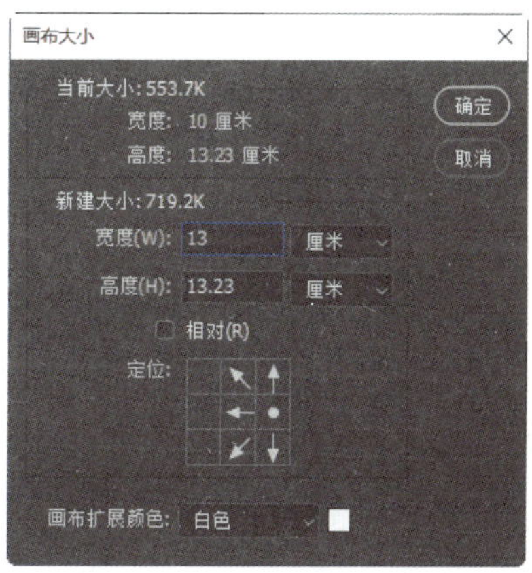

图3-15　“画布大小”对话框

（3）先单击工具箱中的“魔棒工具”按钮，再单击衣服的空白处，此时形成选区，如图3-16所示。

（4）单击工具箱中的“油漆桶工具”按钮，对选区填充颜色，并设置前景色，R为254，G为219，B为135，效果如图3-17所示。

图3-16　形成选区

图3-17　填充颜色后效果

（5）单击工具箱中的“横排文字工具”按钮，设置字体为方正粗黑宋简体，字号为30点，颜色为红色，如图3-18所示，然后在如图3-19所示的位置，输入“春季上新”。

图3-18　设置文字属性

（6）单击工具箱中的“横排文字工具”按钮，继续在“春季上新”的下方输入“新客户享九折优惠”。

（7）执行“窗口”→“字符”菜单命令，打开“字符”面板，选中文字，将字体设置为方正粗宋简体，将字号设置为20点，颜色设置为洋红，如图3-20所示，效果如图3-21所示。

图3-19　输入“春季上新”

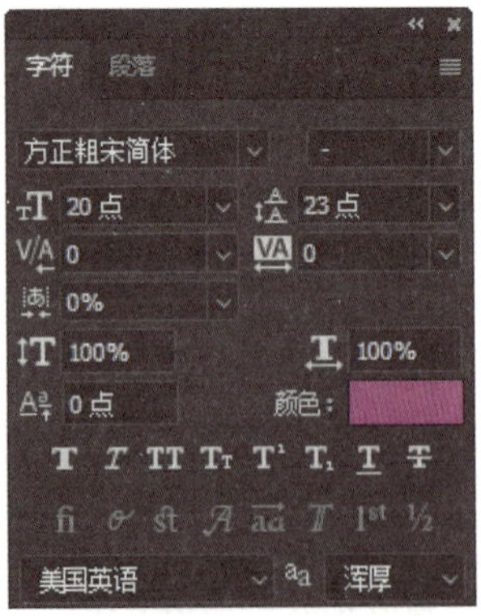

图3-20　“字符”面板

（8）单击工具箱中的“直排文字工具”按钮IT，继续输入“支持七天无理由退换货”和“售后无忧”。

（9）选中文字，打开“字符”面板，将字体设置为方正粗圆简体，字号设置为18点，颜色设置为蓝色，如图3-22所示，最终效果如图3-23所示。

图3-21　输入“新客户享九折优惠”

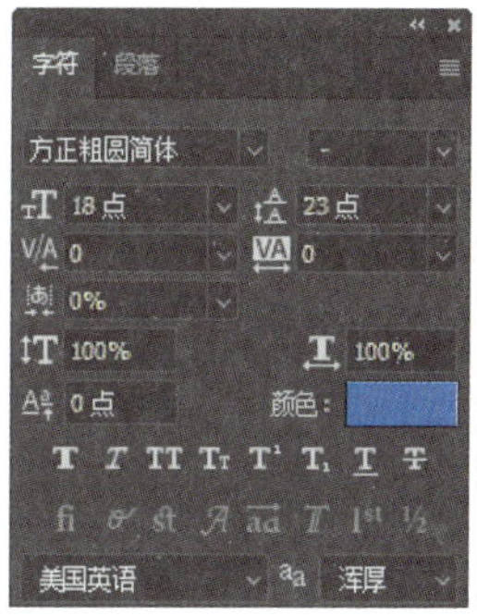

图3-22　“字符”面板

图3-23　最终效果

任务总结

通过本任务的学习，小红掌握了创建文本的方法，并通过编辑文本的字体、颜色、大小、间距等参数得到了不同的文字效果。

任务2　特效字

任务引入

小红在商品上进行文字描述后，想要吸引消费者的眼球，应该怎么做呢？通过参考其他网店，小红想利用特效字来完成。那么，设计特效字的方法有哪些呢？

知识准备

大部分特效字的制作并不复杂，学习起来比较容易，但要在实际中用好特效字，为自己的作品画龙点睛，却并非易事。下面讲解各种特效字的设计方法。

一、玉雕文字

（1）新建一个500像素×500像素的文件，分辨率为300。

（2）输入“珏”字，字体设置为华文行楷，字号设置为100，如图3-24所示。

（3）新建图层1，设置前景色为黑色，背景色为白色，执行“滤镜”→“渲染”→“云彩”菜单命令，效果如图3-25所示。然后执行“选择”→“色彩范围”菜单命令，在弹出的对话框中单击“吸管工具”按钮吸取图3-25中的灰色部分，并在如图3-26所示的“色彩范围”对话框中设置好参数。然后单击“确定”按钮，这时图层1呈选区状态。

图3-24　输入的“珏”字

图3-25　执行“云彩”菜单命令后的图层

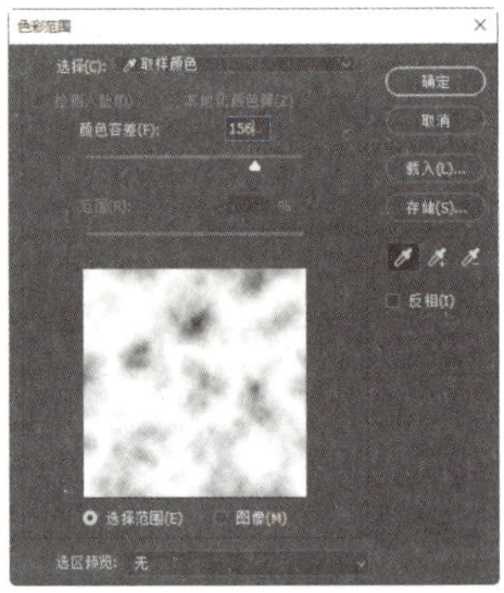

图3-26　“色彩范围”对话框

（4）再新建一个图层2，设置前景色为深绿色，然后对选区进行填充，如图3-27所示。

（5）选择图层1，保持前景色为深绿色，背景色为白色，使用渐变工具对图层1进行渐变填充，效果如图3-28所示。然后将图层1和图层2进行合并。

图3-27　填充选区

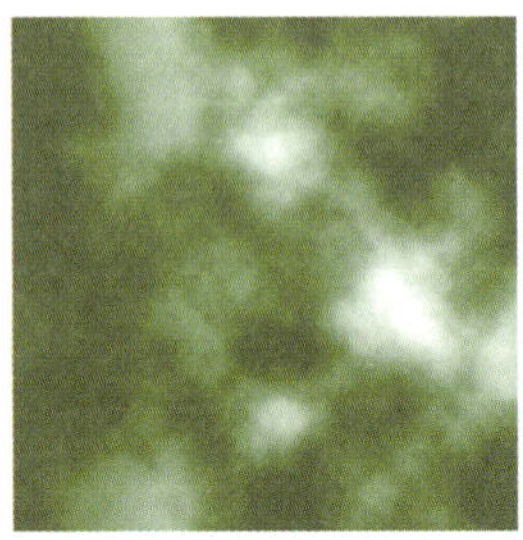

图3-28　对图层1进行渐变填充

（6）选择图层2，先按住“Ctrl”键，再用鼠标左键单击文字图层，调出它的选区，再按“Ctrl+Shift+I”键进行反选，如图3-29所示。然后按“Delete”键删除选区中的图层，效果如图3-30所示。

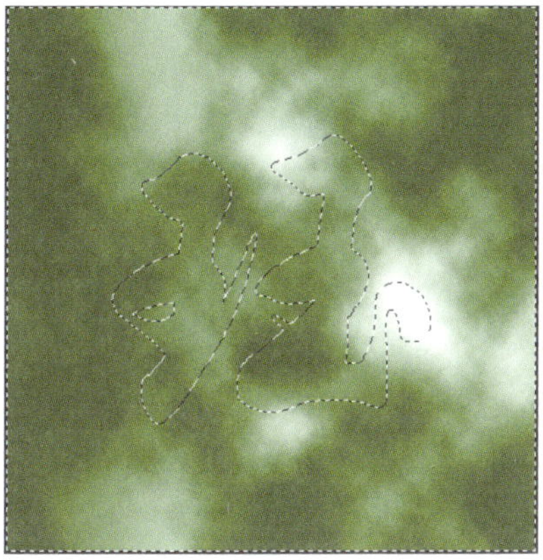

图3-29　反选选区

图3-30　删除图层的效果

（7）现在开始为图层2添加图层样式，选中图层2，执行“图层”→“图层样式”→“混合选项”菜单命令，弹出“图层样式”对话框，也可以双击图层2，同样可弹出“图层样式”对话框。具体设置步骤如图3-31～图3-35所示。

图3-31　添加斜面和浮雕

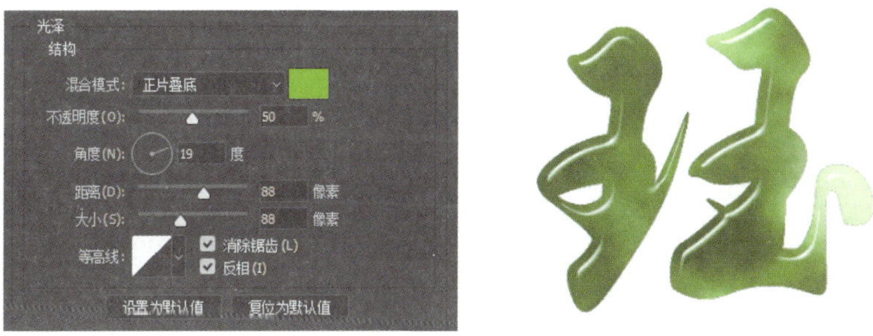

图3-32　添加光泽

图 3-33　添加投影

图 3-34　添加内阴影

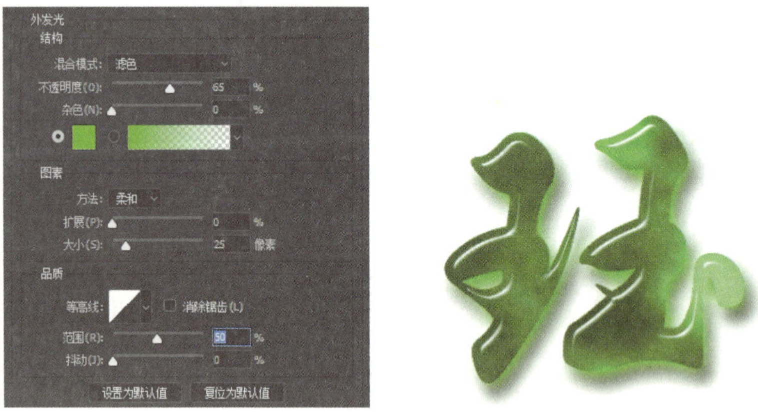

图 3-35　添加外发光

二、光芒字

（1）新建一幅黑色背景图像，并使用文字蒙版工具制作“baby”选区，如图 3-36 所示。

（2）执行“编辑”→“描边”菜单命令，用白色描边选区，效果如图 3-37 所示。然后复制“背景”图层得到“背景副本”图层。

图3-36　制作“baby”选区

图3-37　描边选区后效果

（3）对“背景拷贝”图层进行操作，执行“滤镜”→“模糊”→“高斯模糊”菜单命令，设置模糊半径为2.5像素，效果如图3-38所示。

图3-38　“高斯模糊”效果

（4）执行“滤镜”→“扭曲”→“极坐标”菜单命令，选择“极坐标到平面坐标”单选按钮，效果如图3-39所示。

（5）执行“图像”→“图像旋转”→“顺时针90度”菜单命令，旋转画布，如图3-40所示。

（6）执行“滤镜”→“风格化”→“风”菜单命令，风向选择从右方风格化，执行两次，效果如图3-41所示。

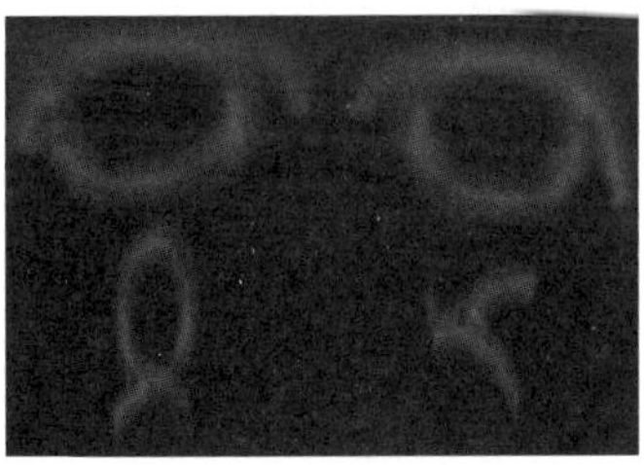

图3-39　选择“极坐标到平面坐标”单选按钮

图3-40　图像旋转

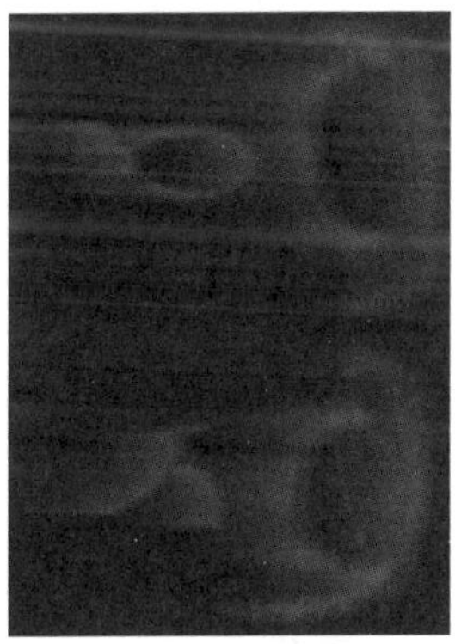

图3-41　“风”滤镜执行后的最终效果

（7）再次逆时针旋转图像，执行“滤镜”→“扭曲”→“极坐标”菜单命令，然后选择“平面坐标到极坐标”单选按钮，效果如图3-42所示。

（8）将“背景副本”图层的色彩混合模式改为“变亮”，此时图像效果如图3-43所示。

（9）选择“背景”图层为当前图层，然后执行“滤镜”→“模糊”→“高斯模糊”菜单命令，设置模糊半径为0.5像素，效果如图3-44所示。

图3-42　执行“极坐标”菜单命令后效果

图3-43　更改色彩混合模式

（10）合并“背景副本”图层和“背景”图层，按“Ctrl+U”键打开“色相/饱和度”对话框为文字着色，效果如图3-45所示。

图3-44　设置“高斯模糊”后的效果

图3-45　为文字着色

三、透视字

（1）新建一幅黑色背景图像，如图3-46所示。

（2）用文字蒙版工具制作“PHOTO”字样选区，如图3-47所示。

（3）新建图层1，设置前景色和背景色分别为红色和蓝色，然后执行“滤镜”→“渲染”→“云彩”菜单命令，效果如图3-48所示。

（4）执行“编辑”→“描边”菜单命令，用白色描边，并选择“居外”，然后取消选中选区，效果如图3-49所示。

图3-46　新建的黑色背景图像

图3-47　用文字蒙版工具制作选区

图3-48　“云彩”滤镜效果

图3-49　用白色描边选区并取消选中

（5）复制若干个图层1的副本放置于图层1之下，然后对每个副本进行自由变换（按“Ctrl+T”键），并调整色彩平衡（按“Ctrl+B”键），最后合并所有副本层，效果如图3-50所示。

图3-50　合并所有副本层后的效果

（6）对合并后的图层执行“滤镜”→“模糊”→“径向模糊”菜单命令，效果如图3-51所示。

图3-51　执行“径向模糊”菜单命令后的效果

（7）重复执行“滤镜”→“模糊”→“径向模糊”菜单命令，效果如图3-52所示。

（8）最后对图层1执行“滤镜”→“风格化”→“风”菜单命令，效果如图3-53所示。

图3-52　多次使用“径向模糊”滤镜后的效果

图3-53　使用“风”滤镜后的效果

四、立体字

（1）新建一个图像文件，设置宽度为600像素，高度为450像素，分辨率为300。

（2）使用文字工具，在新建的图像文件中输入数字5，效果如图3-54所示。

（3）双击文字图层，打开“渐变叠加”对话框，详细的参数设置如图3-55所示。添加渐变后的文字图层效果如图3-56所示。

图3-54　输入数字5

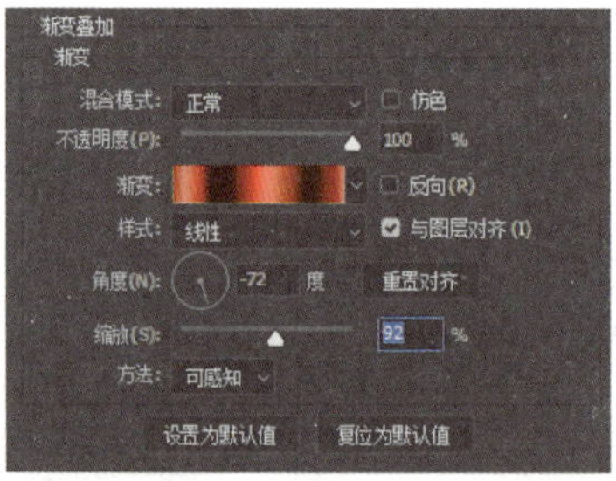

图3-55　“渐变叠加”的参数设置

图3-56　添加渐变后的文字图层效果

（4）选中文字图层，按住“Alt”键，然后不停地按方向左键，一直复制到合适的厚度为止，效果如图3-57所示。

（5）选中最上层的图层为当前图层，双击图层样式并按照如图3-58所示的参数更改混合模式数值，设置完成后的效果如图3-59所示。然后合并其余的图层，并设置图层的混合模式，效果如图3-60所示。

图3-57　复制图层后效果

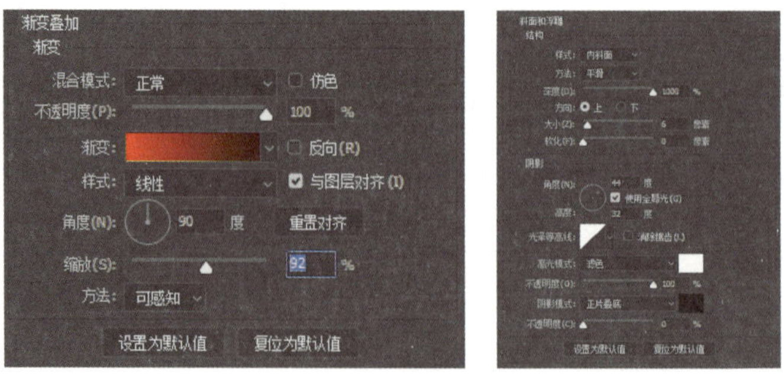

图3-58　设置图层样式

图3-59　设置图层样式后的效果

图3-60　设置图层混合模式后的效果

（6）新建图层1，填充背景色为白色并进行渐变填充，效果如图3-61所示。

图3-61　为文字添加背景图

（7）导入一张自己喜欢的花纹图案，如图3-62所示。拖曳到合适的位置后擦除多余的部分，然后设置花纹图层的透明度，最终效果如图3-63所示。

图3-62　导入花纹图案

图3-63　最终效果

案例——为商品图片添加文字

（1）执行“文件”→“打开”菜单命令，打开“源文件/项目三/背景.jpg”图片，如图3-64所示。

（2）先单击工具箱中的“横排文字工具”按钮，在如图3-65所示的工具属性栏中设置字体为方正粗黑宋简体，字号设置为60点，颜色设置为红色，再在如图3-66所示的位置分别输入“年”“货”“节”。

图3-64　打开素材图片——背景

图3-65　设置文字属性

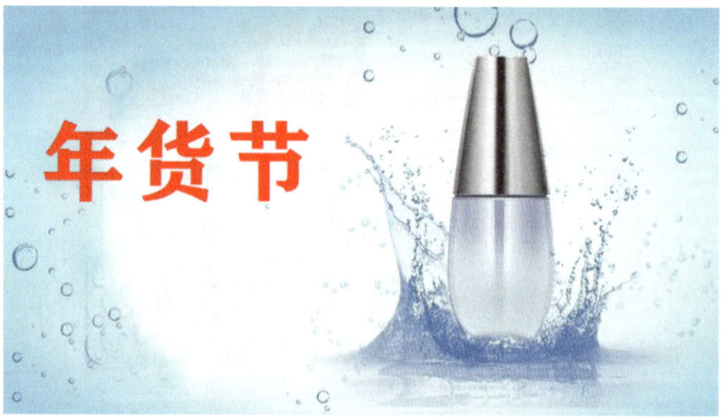

图3-66　输入文字

（3）选择文字“年”，并按“Ctrl+T”键，此时显示八个编辑点，将鼠标光标移动到右上角的编辑点，按住鼠标左键即可旋转文字，效果如图3-67所示。

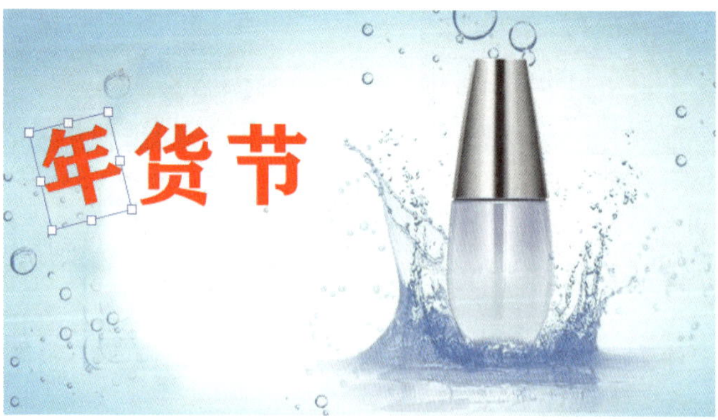

图3-67　旋转文字“年”

（4）使用同样的方法，旋转其他文字，并使用移动工具调整文字的位置，效果如图3-68所示。

图3-68　旋转文字后的效果

（5）在“图层”面板中选择“年”图层，并单击“添加图层样式”按钮fx，打开快捷菜单，选择“斜面和浮雕”选项，如图3-69所示。打开“图层样式”对话框，设置参数，如图3-70所示。

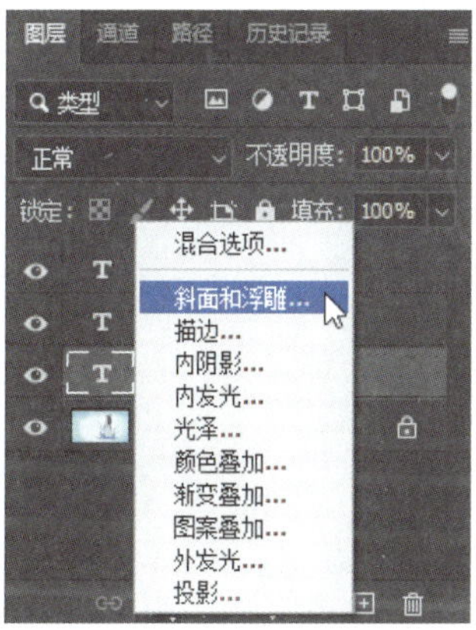

图3-69　选择“斜面和浮雕”选项

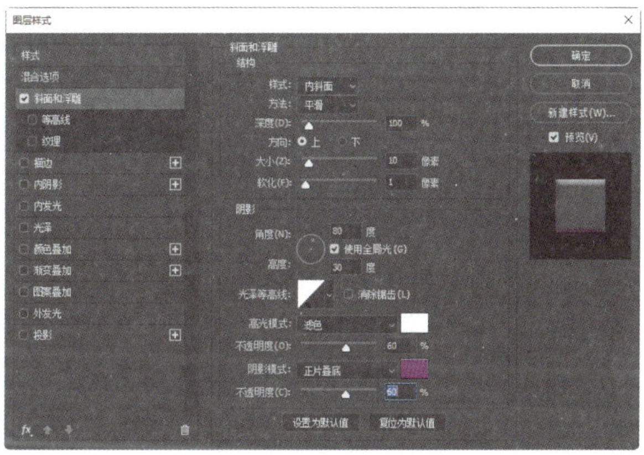

图3-70　设置“斜面和浮雕”参数

（6）在“图层样式”对话框中，勾选“投影”复选框，并设置参数，如图3-71所示，设置投影后的效果如图3-72所示。

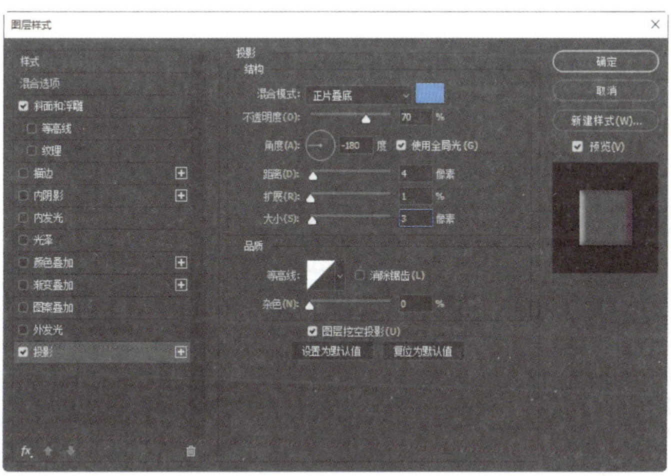

图3-71　设置“投影”参数

（7）在“图层”面板中，选择“年”图层，单击鼠标右键，在打开的快捷菜单中选择“拷贝图层样式”选项，如图3-73所示。然后分别选择“货”和“节”图层，单击鼠标右键，在打开的快捷菜单中选择“粘贴图层样式”选项，粘贴图层样式后的效果如图3-74所示。

图3-72　设置投影后的效果

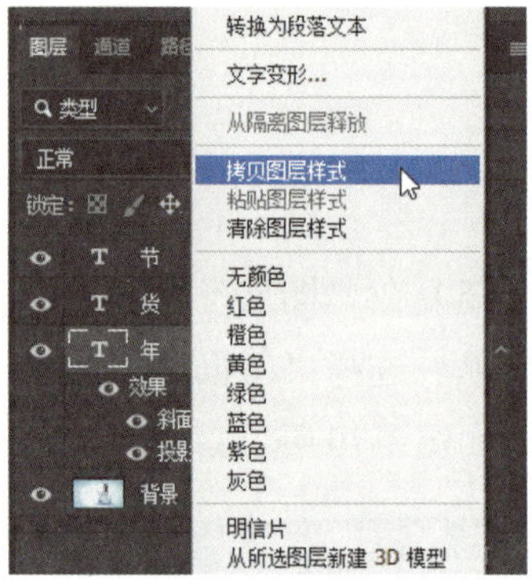

图3-73　选择“拷贝图层样式”选项

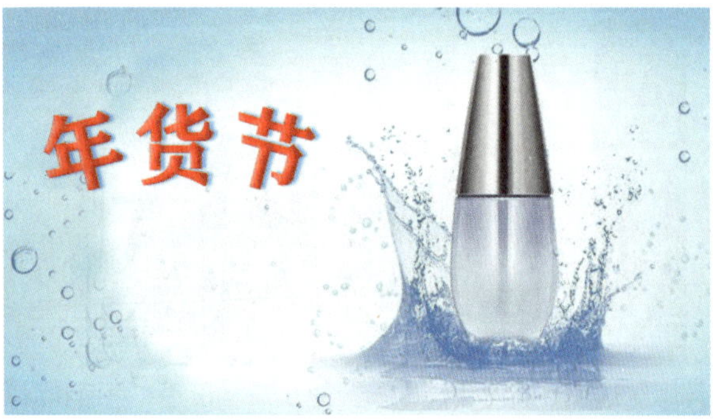

图3-74　粘贴图层样式后的效果

（8）单击工具箱中的“横排文字工具”按钮，输入“护肤品专场六折起”。

（9）执行“窗口”→“字符”菜单命令，打开“字符”面板，选中文字，将字体设置为方正黑体简体，字号设置为22点，颜色设置为紫色，如图3-75所示，效果如图3-76所示。

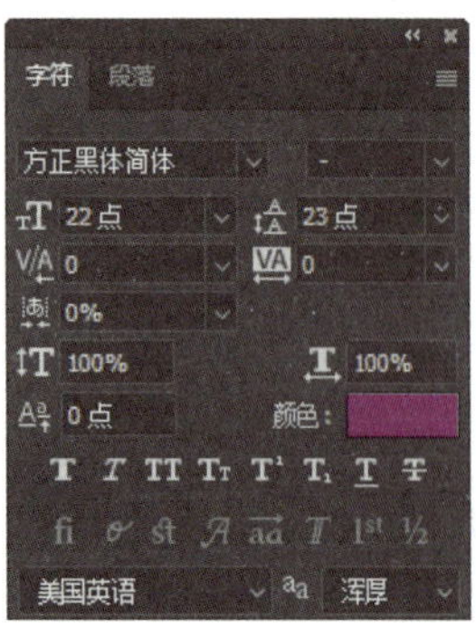

图3-75　“字符”面板

图3-76　设置字符后的效果

（10）单击工具箱中的“横排文字工具”按钮T，输入“1月10日到1月20日”，在工具属性栏中设置字体为方正黑体简体，字号设置为16点，颜色设置为深红色，如图3-77所示，最终效果如图3-78所示。

图3-77　工具属性栏

图3-78　最终效果

任务总结

通过本任务的学习，小红掌握了特效字的制作方法，以及通过图层样式设计出不同的特效字效果。

任务3　图形的应用

任务引入

小红制作了一个商品图片，设计了特效字后，还是不满意，为了能够达到商家的心理期望，可以结合绘制图形的方法来获得更高的点击率。那么，绘制图形的方法有哪些呢？

知识准备

除了文字，图形也是图片处理过程中必不可少的元素，它不仅可以丰富图片内容，还能对图片中的重点部分进行装饰。Photoshop中的图形工具包括矩形工具、椭圆工具、三角形工具、多边形工具、直线工具和自定形状工具。

一、在商品图片中绘制规则图形

在网店装修中，为了突出画面中的部分内容，会在指定区域绘制规则的圆形或矩形等图形。在Photoshop中，如果要绘制规则的图形，只需要单击并拖曳鼠标就能快速完成图形的绘制。

案例——为鞋子添加图形效果

（1）执行“文件”→“打开”菜单命令，打开“源文件/项目三/鞋子.jpg”图片，如图3-79所示。

（2）先单击工具箱中的“椭圆工具”按钮，再按住“Shift”键不放，在图片右上角位置单击并拖曳鼠标，绘制一个正圆，如图3-80所示，工具属性栏的参数设置如图3-81所示。

图3-79　打开素材图片——鞋子

图3-80　绘制圆

图3-81　工具属性栏

（3）在“图层”面板中，单击“添加图层样式”按钮，在打开的快捷菜单中选择“描边”选项，打开“图层样式”对话框，参数设置如图3-82所示，效果如图3-83所示。

（4）单击工具箱中的“横排文字工具”按钮，在圆内输入文字，打开“字符”面板设置字体为方正黑体简体，设置字号为27点，如图3-84所示，最终效果如图3-85所示。

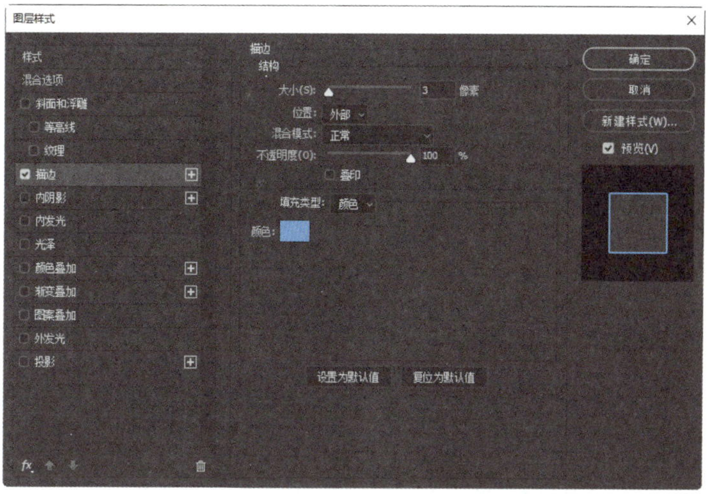

图 3-82　“图层样式”对话框

图 3-83　添加图层样式后效果

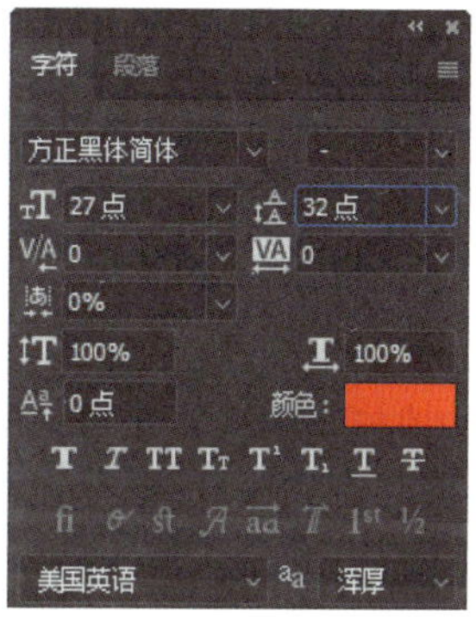

图 3-84　“字符”面板

图 3-85　最终效果

二、在商品图片中绘制不规则图形

在网店装修的过程中，除了需要绘制规则的矩形、方形和圆形来修饰图片或版面，为了让画面更有特色，还经常需要在图片中绘制不规则的图形。下面通过一个实例来进行讲解。

（1）执行“文件”→“打开”菜单命令，打开一张如图3-86所示的素材图片。

图3-86 打开素材图片

（2）先单击工具箱中的“多边形工具”按钮，再在工具属性栏中设置填充颜色为粉色，边数为16，圆角的半径为1像素，如图3-87所示。单击“设置其他形状和路径选项”按钮，在“星形比例”文本框中输入“80%”，如图3-88所示，然后在图片的左下角绘制一个多边形，如图3-89所示。

图3-87 工具属性栏

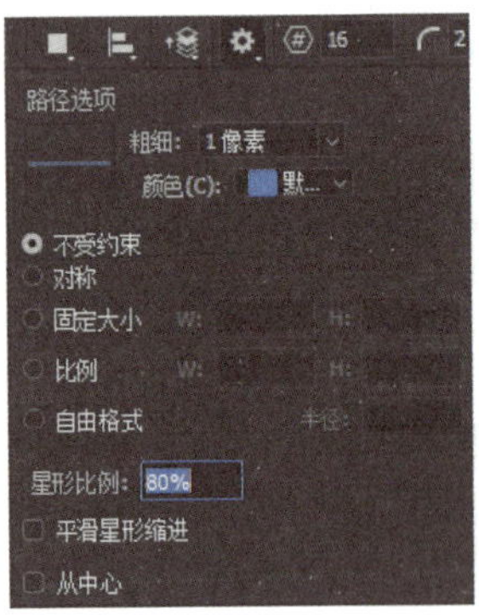

图3-88 设置星形比例

图3-89 绘制多边形

（3）单击工具箱中的“横排文字工具”按钮，在多边形内输入文字，打开“字符”面板设置字体为方正黑体简体，字号设置为28点，如图3-90所示，最终效果如图3-91所示。

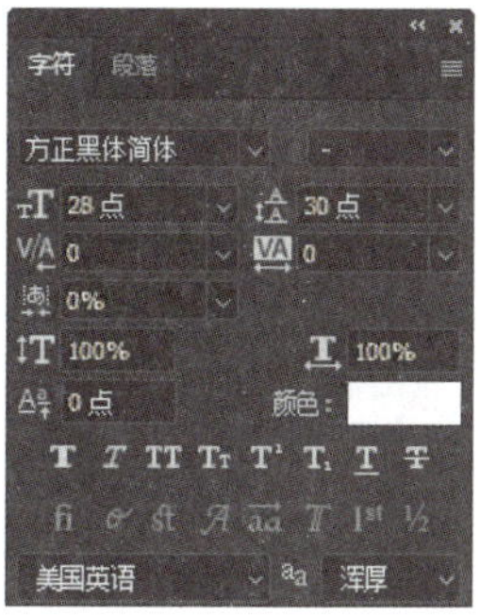

图 3-90　“字符”面板

图 3-91　最终效果

任务总结

通过本任务的学习，小红对图形的应用有了一定的了解，掌握了如何在商品图片中绘制规则图形和不规则图形。

项目总结

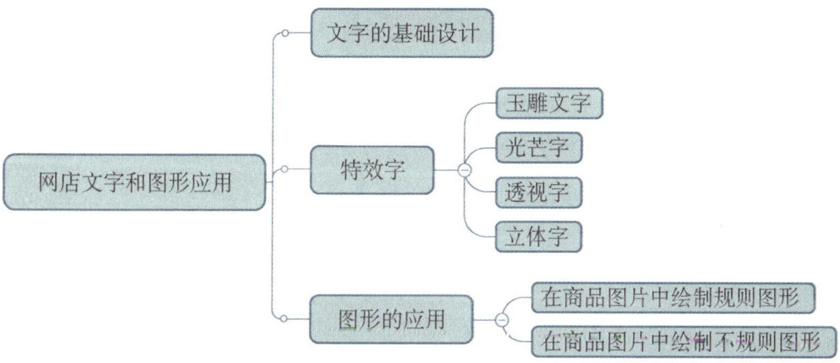

项目实战

实战　制作水晶透明文字

（1）执行“文件”→“打开”菜单命令，打开一张素材图片，如图 3-92 所示。

（2）单击工具箱中的“横排文字工具”按钮 T，设置字体为方正粗黑宋简体，字体大小为 120 点，并输入文字，得到的文字效果如图 3-93 所示。

（3）在“图层样式”对话框中单击“图层样式”按钮 fx，勾选“斜面和浮雕”复选框，设置斜面和浮雕效果，如图 3-94 所示。单击“确定”按钮完成设置，效果如图 3-95 所示。

图3-92　打开素材图片

图3-93　输入文字

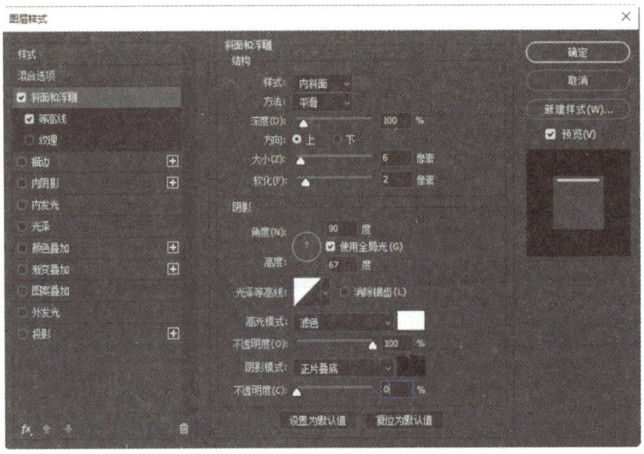

图3-94　设置斜面和浮雕参数

图3-95　设置斜面和浮雕后的效果

（4）在“图层”面板中设置填充度为0%，如图3-96所示。填充度设置完成后，得到的文字效果如图3-97所示。

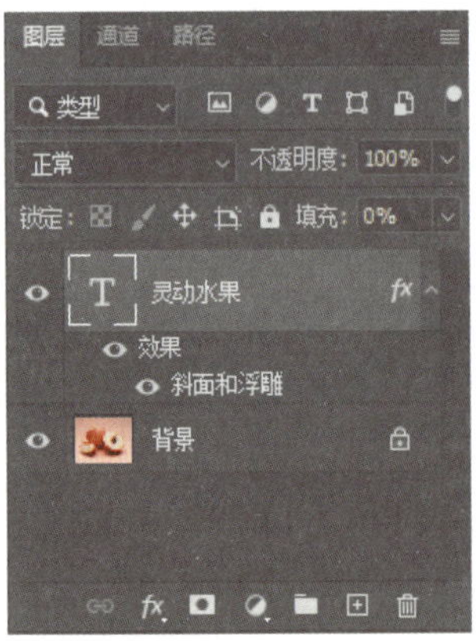

图3-96　图层面板

图3-97　设置文字填充度后的效果

（5）再次打开“图层样式”对话框，勾选“外发光”复选框，设置发光颜色为黄色，如图3-98所示。设置完成后的文字效果如图3-99所示。

（6）勾选“内阴影”复选框，然后设置内阴影颜色为#999731，如图3-100所示。设置内阴影后的效果如图3-101所示。

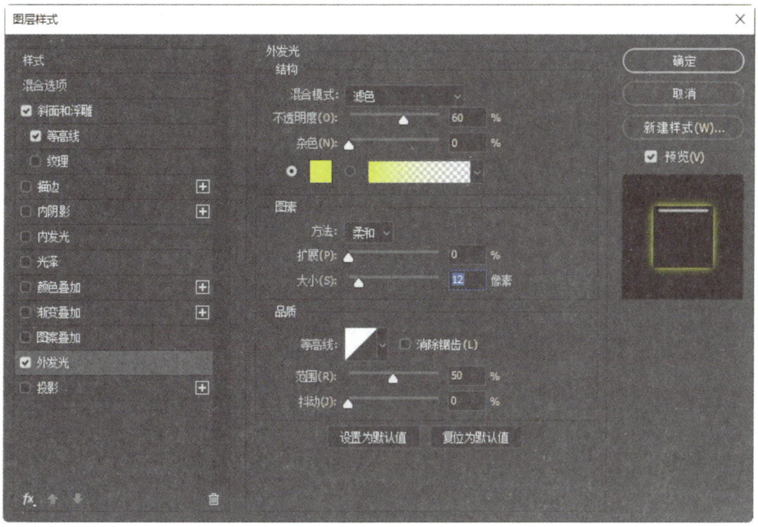

图 3-98　设置外发光参数

图 3-99　设置外发光后的效果

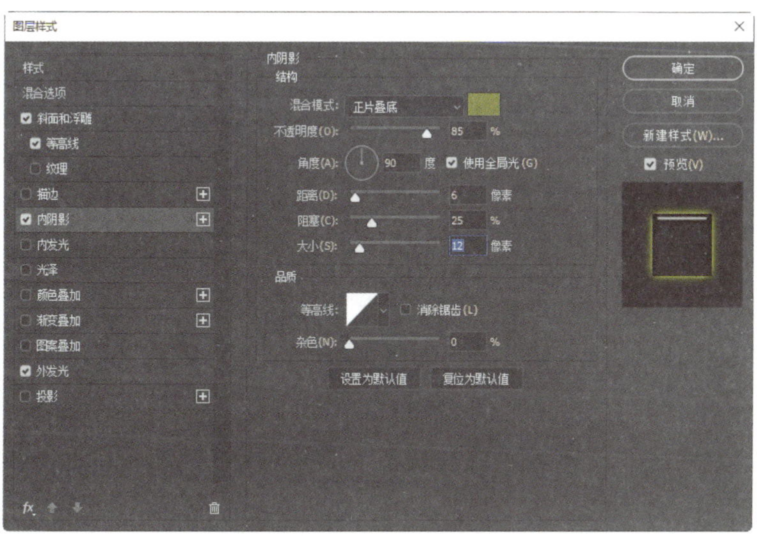

图 3-100　设置内阴影参数

图3-101　设置内阴影后的效果

（7）勾选“投影”复选框，按照图3-102设置参数，设置完成后的图片效果如图3-103所示，本实例完成。

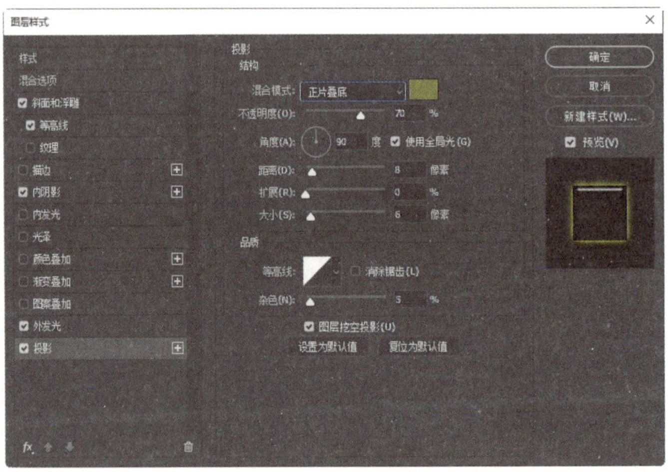

图3-102　设置投影参数

图3-103　设置投影后效果

项目四

网上店铺装修

素质目标

➢ 能够充分发挥主观能动性，积极探索，培养善于钻研的品质。

➢ 树立正确的职业观，不断更新所学知识，培养持之以恒的学习态度。

技能目标

➢ 掌握设计店标的基础知识。

➢ 掌握店招与导航的设计方法。

➢ 掌握设计模板的方法。

项目导读

网上的店铺数不胜数，其销售的商品也千差万别，但相同的商品，在有些店铺中让人记忆犹新，在有些店铺中却让人毫无印象，这很大一部分原因就是店铺的装修问题。本项目将对店铺装修的基本内容进行介绍，包括设计店标、设计店招与导航和设计模板。

任务1　设计店标

任务引入

小红逛淘宝时，发现每家店铺都有一个属于自己的标志，为了吸引消费者，让消费者能记住自己的店铺，小红也想设计一个标志。那么，该怎样设计店标呢？

知识准备

店标就是网上店铺的标志，也就是我们常说的Logo，文件格式为GIF、JPG、JPEG、PNG，文件大小在80KB以内，例如，在淘宝网中搜索同类店铺时，可以在左侧看到店标，在右侧看到该店铺出售的相关商品，如图4-1所示。

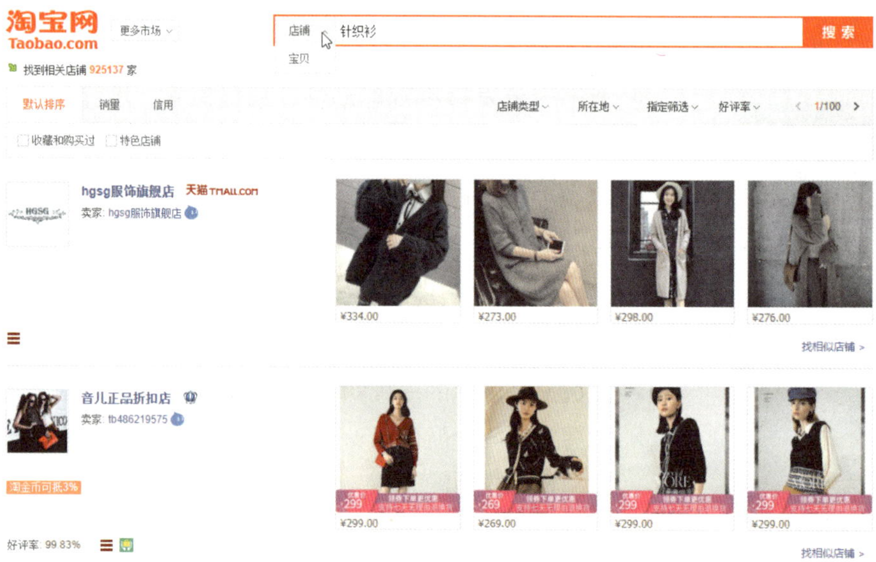

图4-1　店标和出售的商品

店标可以通过一定的图案、颜色向消费者传达店铺信息，以达到展示商品、提高销售量的目的。店标设计的原则有两个：一是以设计为主，要求构图有创意、新颖、富有个性；二是以实物为主，要求有内涵，能体现店铺个性和品质。店标既可以是文字和字母的组合，也可以是图片。

任务总结

通过本任务的学习，小红对店标设计有了一定的了解，了解了设计店标的文件格式和文件大小。

任务2　设计店招与导航

任务引入

小红为自己的店铺设计标志后，想要起个好听的名字来吸引消费者，并且为了能够让消费者尽快找到自己想要的东西，打算设计一个导航来对商品进行分类。那么，怎样设计店招与导航呢？

知识准备

店招与导航位于网店首页的最顶端，它们的作用主要是向消费者展现网店的特色，就好像实体店中的店铺招牌一样，但是两者也存在一定的区别。

店招与导航不仅应该突显最新信息、方便消费者查看，还应该注重店铺商品的推广。因此，店招与导航在设计上应具有新颖别致、易于传播的特点。这就必须遵循两个基本原则：一是植入品牌形象，二是抓住商品定位。

一、设计店招

店招就是网店的招牌，从网店商品的品牌推广来看，想要让店招便于记忆，店招的设计就需要具备新颖、易于辨识、易于传播等特点。成功的店招必须有标准的颜色、字体和简洁的版面。此外，店招中需要有一句能够吸引消费者的广告语，画面还需要具备强烈的视觉冲击力，清晰地告诉消费者你在卖什么。通过店招也可以对店铺的装修风格进行定位。

为了让店招有特点且便于记忆，在设计的过程中一般都会采用简短醒目的广告语辅助店铺徽标的表现，并会通过适当的配图来增强店铺的认知度。店招包含的主要内容如图4-2所示。

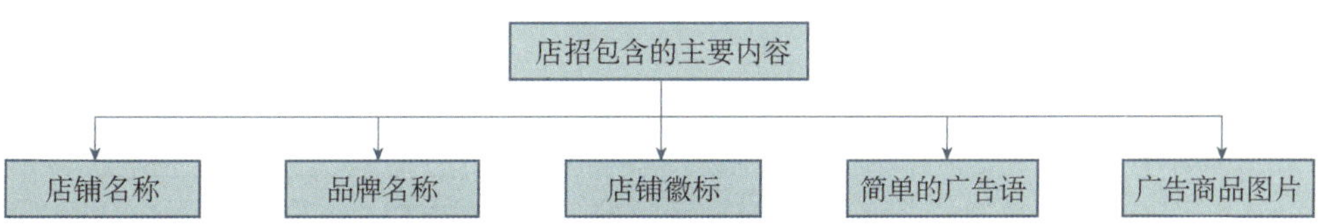

图4-2　店招包含的主要内容

网店店招是给消费者的第一印象，所以需要凸显网店的名称、品牌、商标。简单地说，店招是在告诉消费者店铺的名字和产品。

案例——女包店店招设计

（1）执行“文件”→“新建”菜单命令，打开“新建”对话框，设置宽度为1900像素，高度为240像素，如图4-3所示，然后单击“确定”按钮，新建“女包店店招设计”文件。

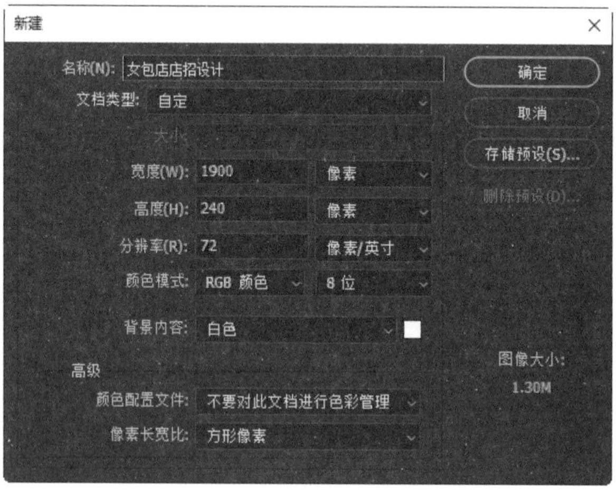

图4-3 “新建”对话框

（2）设置前景色为R177、G212、B225，按下“Alt+Delete”键，填充背景，效果如图4-4所示。

图4-4 填充背景

（3）为了让背景看起来更有特色，可以为背景填充图案效果，在填充图案前可以先定义用于填充的图案。执行“文件”→“新建”菜单命令，打开“新建”对话框，在对话框中将尺寸设置为20像素×20像素，背景内容设置为透明，然后新建透明文件，如图4-5所示。

（4）执行操作后，先按下“Ctrl+A”键，全选整个画面，再执行“选择”→“修改”→“边界”菜单命令，打开“边界选区”对话框，设置宽度为1像素，如图4-6所示，效果如图4-7所示。

图4-5 新建透明文件

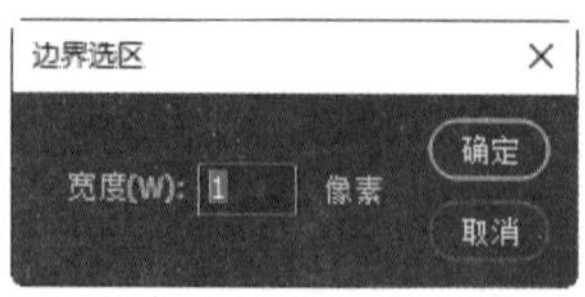

图4-6 “边界选区”对话框

（5）按下“Shift+Ctrl+I”键，反选选区，选择画面的中间部分。执行“选择”→“修改”→“平滑”菜单命令，打开“平滑选区”对话框，在对话框中设置取样半径为5像素，如图4-8所示。单击“确定”按钮，即可得到平滑的选区。这里可以看到原来的方形选区变为了圆形选区，如图4-9所示。

（6）设置前景色为白色，按下“Alt+Delete”键，将选区填充为白色，然后按下“Ctrl+D”键，取消选区，完成图案的绘制，效果如图4-10所示。

图4-7　设置边界后的效果

图4-8　“平滑选区”对话框

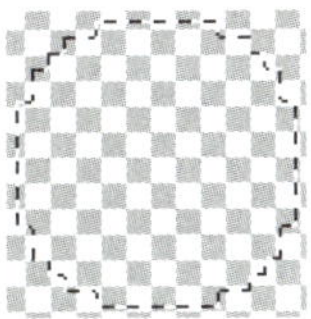
图4-9　圆形选区

图4-10　填充选区

（7）执行“编辑”→“定义图案”菜单命令，打开“图案名称”对话框，在“名称”文本框中输入“圆点”，如图4-11所示，单击“确定”按钮，即可将绘制的圆点定义为图案。

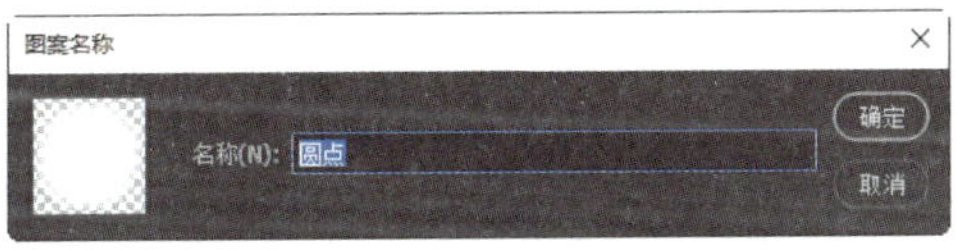

图4-11　“图案名称”对话框

（8）切换到“女包店店招设计”文件中，创建新的图层，单击“图层”面板底部的“创建新的填充或调整图层”按钮，在弹出的快捷菜单中选择“图案”选项，如图4-12所示。创建图案填充1图层，在打开的“图案填充”对话框中选择前面定义的圆点图案，如图4-13所示。单击“确定”按钮，即可为图层填充图案，效果如图4-14所示。

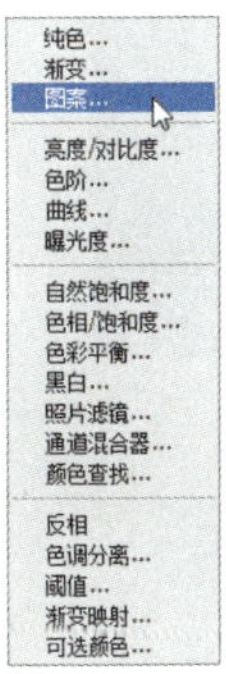

图4-12　选择“图案”选项

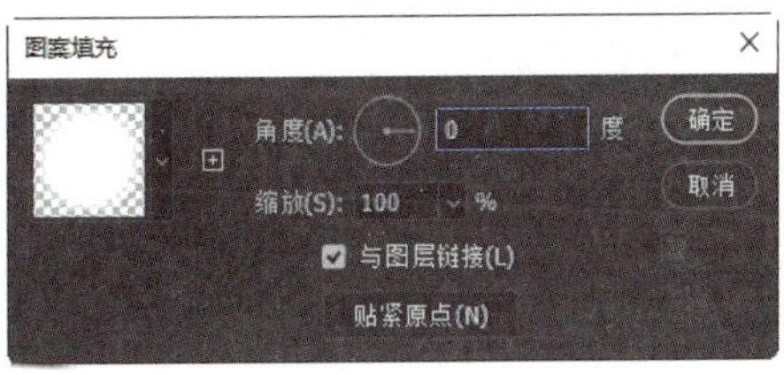

图4-13　“图案填充”对话框

图4-14　填充图案效果

（9）填充图案后发现填充的白色圆形显得太亮了，容易削弱主体，因此将图案填充1图层的混合模式更改为“柔光”，如图4-15所示，降低圆点背景的亮度。

（10）单击工具箱中的“矩形工具”按钮，绘制一个如图4-16所示的矩形。

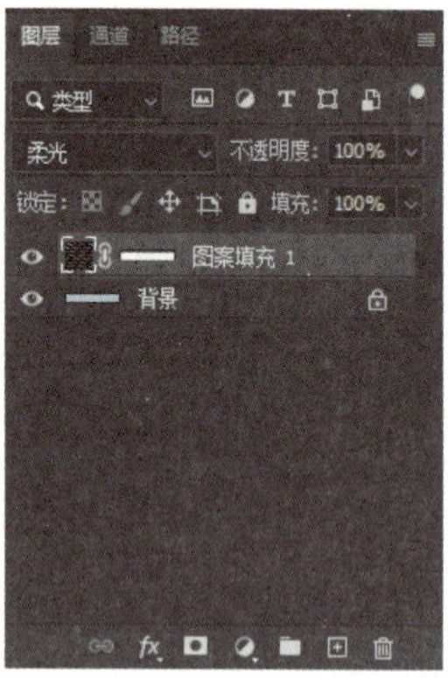

图4-15　设置混合模式

图4-16　绘制矩形

（11）单击“图层”面板下方的“添加图层样式”按钮，在弹出的快捷菜单中选择“渐变叠加”选项，打开“图层样式”对话框，参数设置如图4-17所示，为矩形叠加渐变颜色，效果如图4-18所示。

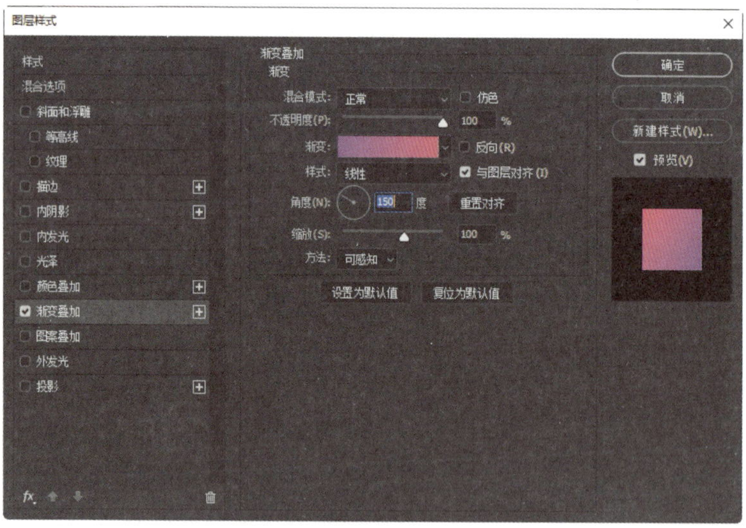

图4-17　“图层样式”对话框

图4-18　渐变叠加效果

（12）单击工具箱中的“自定义形状工具”按钮，在“形状”面板中选择“花2”，如图4-19所示，然后在矩形的左上角绘制花朵，效果如图4-20所示。

图4-19　“形状”面板

图4-20　绘制花朵

（13）单击工具箱中的“横排文字工具”按钮，在“字符”面板中设置字体为汉真广标，设置颜色为白色，如图4-21所示。然后在如图4-22所示的位置输入“笑笑女包”。

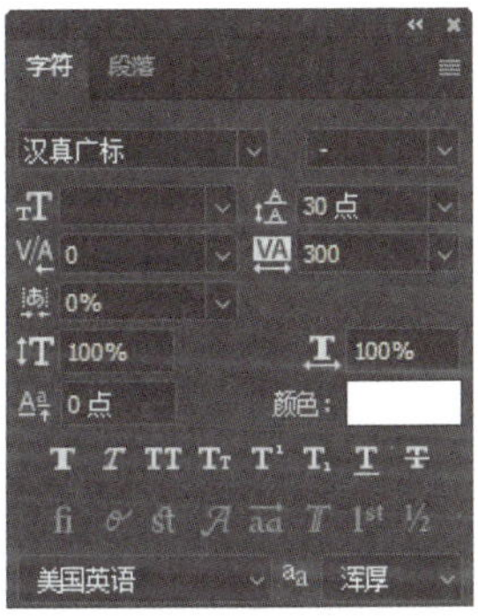

图4-21　“字符”面板

图4-22　输入“笑笑女包”

（14）单击工具箱中的“直线工具”按钮，在如图4-23所示的位置绘制两条直线。

（15）单击工具箱中的“横排文字工具”按钮，在工具属性栏中设置字体为黑体，设置字号为30点，设置颜色为黄色，在如图 4-24 所示的位置输入“开心每一天 笑笑在身边”。

图4-23　绘制直线

图4-24　添加文字

（16）单击工具箱中的“矩形工具”按钮，在“属性”面板中设置角半径为15像素，如图4-25所示，然后在如图4-26所示的位置绘制一个圆角矩形。

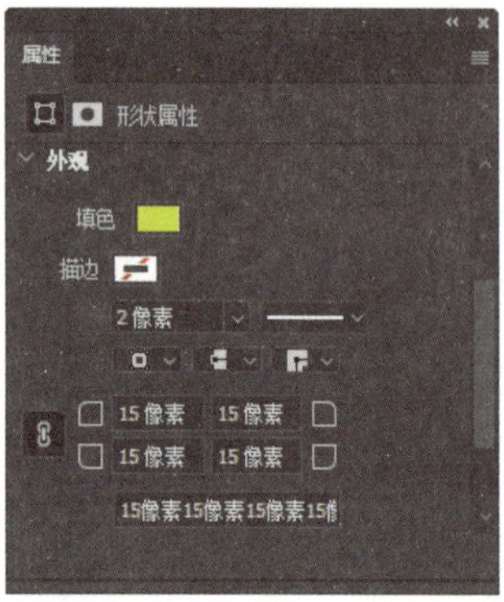

图4-25 “属性”面板

图4-26 绘制圆角矩形

（17）单击工具箱中的“自定形状工具”按钮，在“形状”面板中选择“红心形卡”，如图4-27所示，然后在圆角矩形上绘制红心，效果如图4-28所示。

图4-27 选择“红心形卡”

图4-28 绘制红心

（18）单击工具箱中的“横排文字工具”按钮，在工具属性栏中设置字体为黑体，设置字号为20点，设置颜色为红色，然后在如图4-29所示的位置输入“关注”。

图4-29 添加文字

（19）执行“文件”→“打开”菜单命令，打开“源文件/项目四/女包.jpg”图片，使用魔棒工具对女包进行抠图处理后，拖曳到“女包店店招设计”文件中。

（20）使用同样的方法，放置其他两个女包，效果如图4-30所示。

图4-30　放置女包后效果

（21）单击工具箱中的“矩形工具”按钮，在女包的右侧绘制一个矩形，在工具属性栏中设置描边为黑色，填充为无，并栅格化图层。

（22）单击工具箱中的“矩形选框工具”按钮，删除部分矩形，效果如图4-31所示。

（23）单击工具箱中的“横排文字工具”按钮，输入“藏”，并设置蓝色的描边效果。

（24）使用同样的方法，单击工具箱中的“横排文字工具”按钮，输入“收藏本店”，效果如图4-32所示。

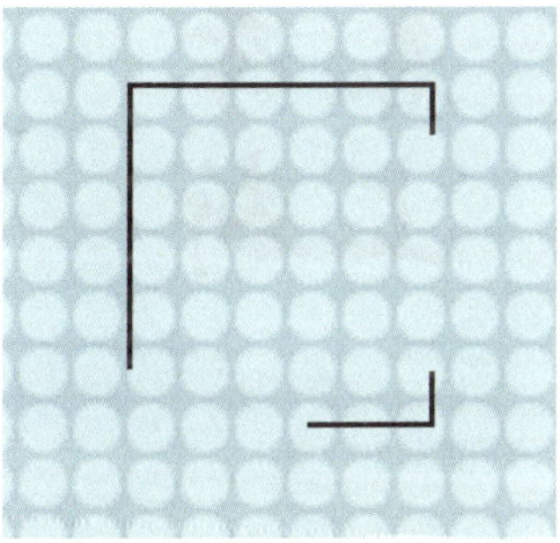

图4-31　删除部分矩形

图4-32　输入文字后效果

（25）单击工具箱中的“椭圆工具”按钮，按“Shift”键，绘制一个白色的圆。

（26）单击“图层”面板下方的“添加图层样式”按钮，在弹出的快捷菜单中选择“投影”选项，打开“图层样式”对话框，参数设置如图4-33所示，为圆添加投影后的效果如图4-34所示。

（27）单击工具箱中的“横排文字工具”按钮，在工具属性栏中设置字体为方正行楷简体，设置字号为60点，设置颜色为红色，然后在如图4-35所示的位置输入“春季上新”。

（28）执行“文件”→“打开”菜单命令，打开“源文件/项目四/花环.jpg”图片，使用魔棒工具对花环进行抠图处理后，拖曳到“女包店店招设计”文件中，放置到圆图层的下面，并调整大小，最终效果如图4-36所示。

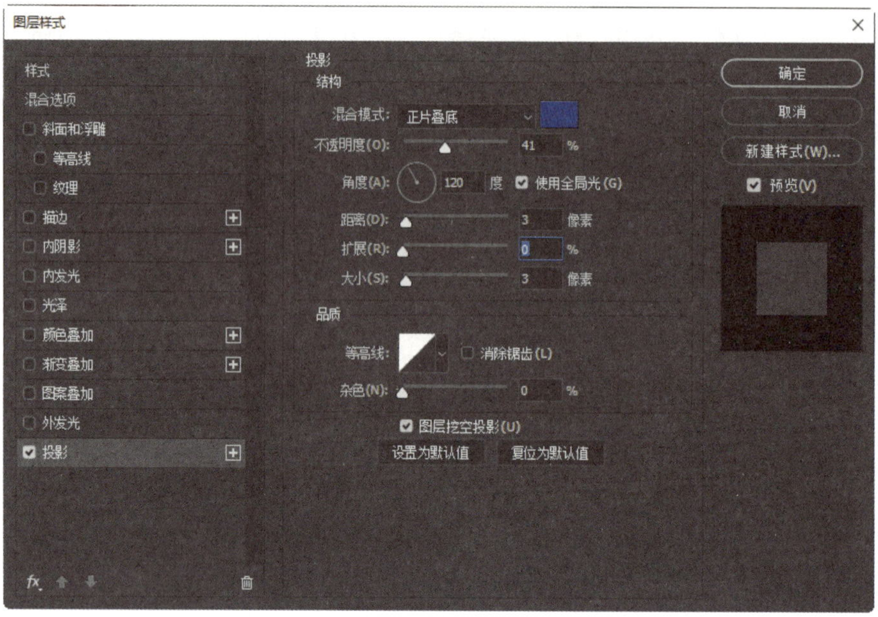

图4-33 “图层样式”对话框

图4-34 为圆添加投影后的效果

图4-35 添加文字

图4-36 最终效果

二、设计导航

导航是依附在店招下方的一个细长的矩形，它的主要作用是对商品和服务进行分类，方便消费者通过页面跳转快速访问所需要的内容。设计导航时应当使其外观和色彩与店招、店铺整体的装修风格相协调。在设计导航的过程中，需要考虑导航中信息的处理，应该简明扼要、整齐简洁，避免过于复杂，应该让消费者能够直观地感受到店铺商品的分类信息。有时为了增强导航的设计感，也可以适当添加一些小的图形，具体情况根据画面而定。

案例——制作时尚简洁的导航条

（1）执行“文件”→“新建”菜单命令，打开“新建”对话框，设置宽度为1000像素，高度为300像素，如图4-37所示，然后单击“确定”按钮，新建“制作时尚简洁的导航条”文件。

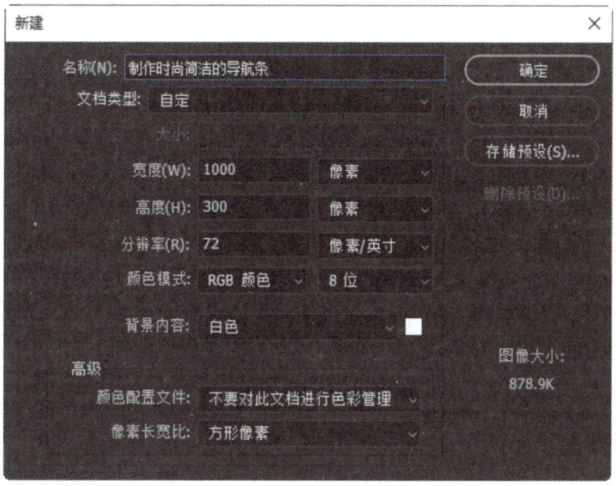

图4-37　“新建”对话框

（2）将背景色设置为R242、G239、B220，然后按“Alt+Delete”键填充背景。

（3）单击工具箱中的“矩形工具”按钮，设置前景色为浅绿色，在画面左侧单击鼠标左键并拖曳，绘制一个浅绿色的矩形，如图4-38所示。

（4）单击工具箱中的“钢笔工具”按钮，在工具属性栏中选择“路径”选项，单击“路径操作”按钮弹出下拉菜单，选择“合并形状”选项，如图4-39所示，然后绘制形状，创建复合图形，效果如图4-40所示。

图4-38　绘制矩形

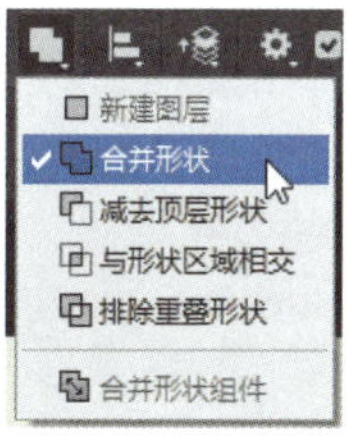

图4-39　选择“合并形状”选项

（5）单击“图层”面板下方的“添加图层样式”按钮，在弹出的快捷菜单中选择“渐变叠加”选项，打开“图层样式”对话框，参数设置如图4-41所示，为复合图形叠加渐变颜色的效果如图4-42所示。

（6）先按“Ctrl+J”键复制图形，再按“Ctrl+T”键打开自由变换编辑框，拖曳编辑框，对图形进行等比例缩小处理，效果如图4-43所示。

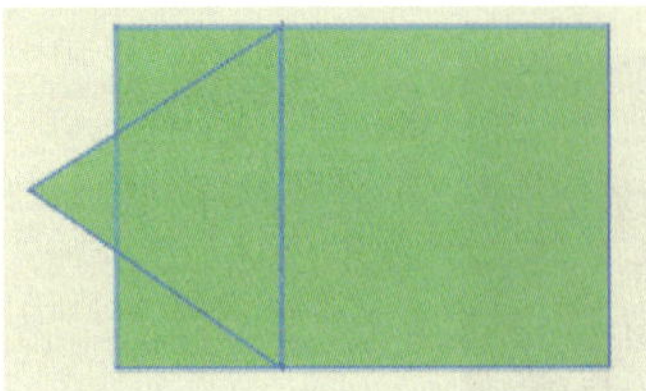

图4-40　绘制复合图形

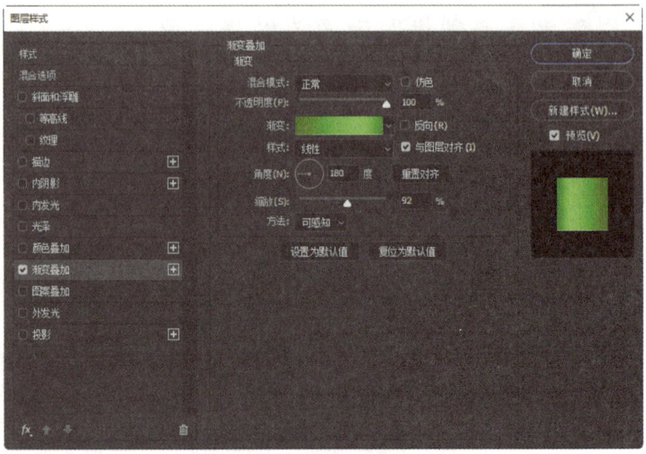

图4-41　“图层样式”对话框

图4-42　渐变叠加效果

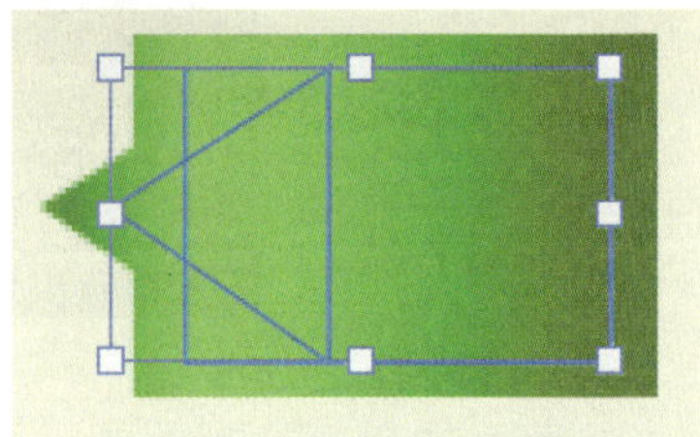

图4-43　等比例缩小图形

（7）经过上一步的操作，调整了图形的大小，但是两个图形的颜色相同，无法表现叠加的画面效果。双击图层，打开“图层样式”对话框，在对话框中对样式重新进行设置，对内阴影、内发光、渐变叠加样式的参数设置分别如图4-44、图4-45和图4-46所示。设置完成后单击“确定”按钮，应用样式效果，如图4-47所示。

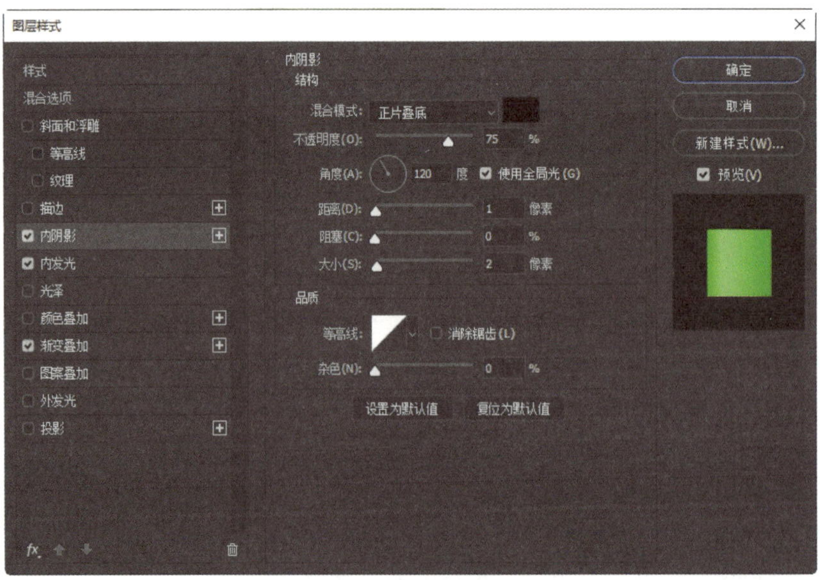

图4-44　设置内阴影参数

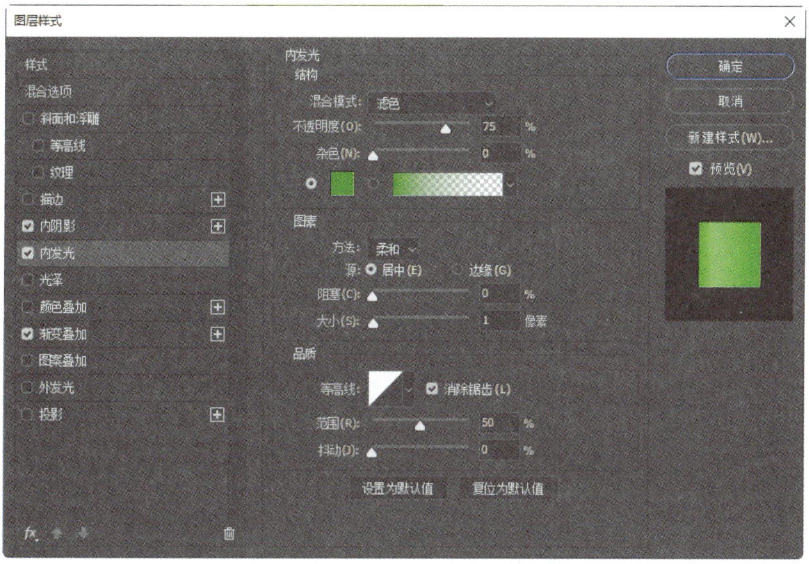

图4-45　设置内发光参数

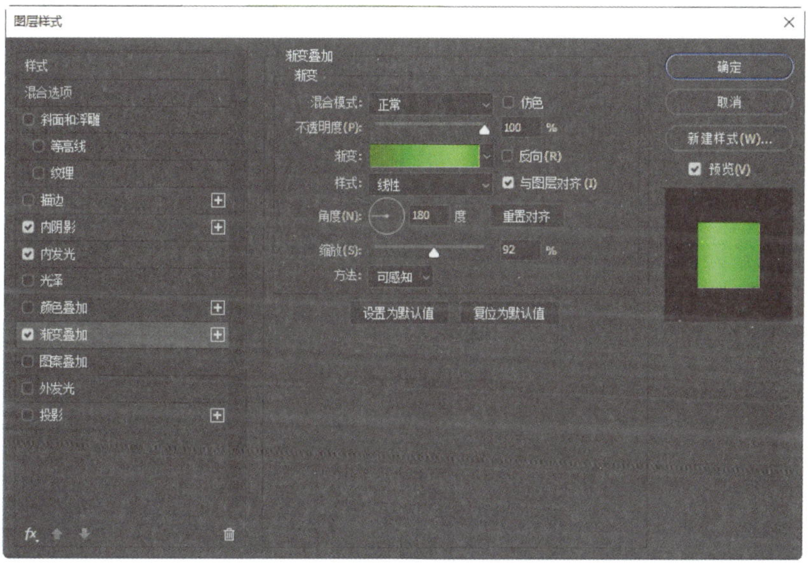

图4-46　设置渐变叠加参数

（8）设置前景色为R39、G39、B39，单击工具箱中的“矩形工具”按钮，然后在之前绘制好的图形下单击鼠标左键并拖曳，绘制深灰色矩形，效果如图4-48所示。

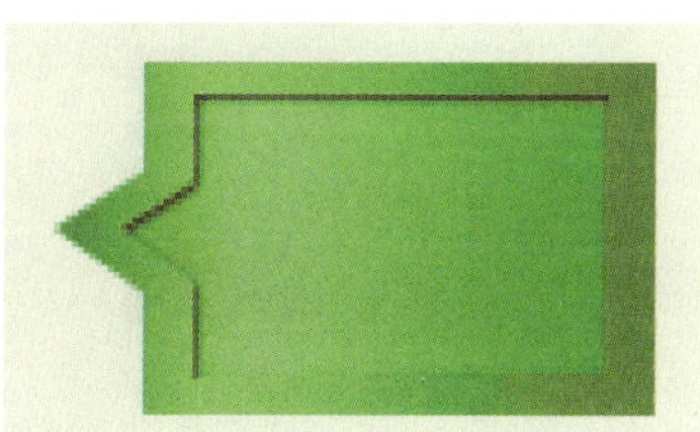

图4-47　应用样式效果

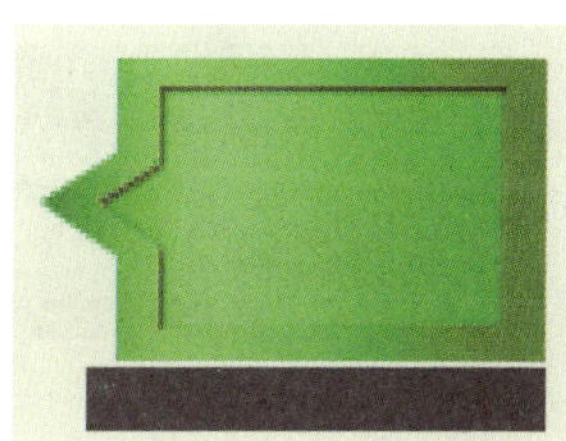

图4-48　绘制深灰色矩形

（9）单击“图层”面板下方的“添加图层样式”按钮，在弹出的快捷菜单中选择“渐变叠加”选项，打开“图层样式”对话框，参数设置如图4-49所示，为矩形叠加渐变颜色后的效果如图4-50所示。

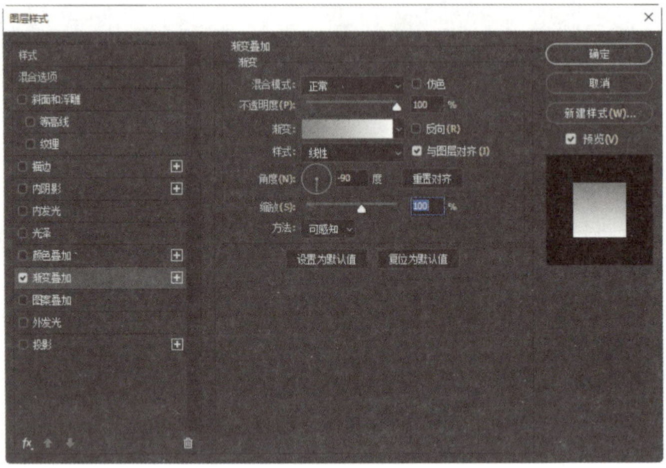

图4-49　“图层样式”对话框

（10）选择矩形图层，单击鼠标右键，在弹出的快捷菜单中选择“栅格化图层”选项，将矩形图层栅格化。

（11）单击工具箱中的“橡皮擦工具”按钮，擦除矩形，效果如图4-51所示。

图4-50　渐变叠加效果

图4-51　擦除矩形

（12）继续使用同样的方法，在不规则图形的右侧再绘制一个矩形，并为其设置投影样式，效果如图4-52所示。

（13）单击工具箱中的“钢笔工具”按钮，绘制一个黑色的三角形，如图4-53所示。

图4-52　设置投影样式后的效果

图4-53　绘制三角形

（14）绘制完成后，发现三角形与绿色的反差太明显了。因此单击“图层”面板下方的“添加图层样式”按钮fx，在弹出的快捷菜单中选择“颜色叠加”选项，打开“图层样式”对话框，参数设置如图4-54所示，单击“确定”按钮，应用样式，统一画面色调，效果如图4-55所示。

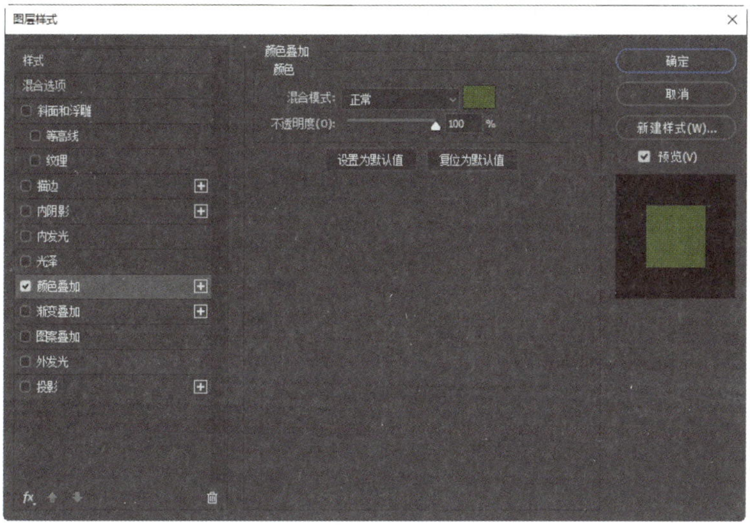

图4-54　“图层样式”对话框

（15）单击工具箱中的“矩形工具”按钮，并按图4-56设置“形状”工具属性栏，然后绘制一个矩形，如图4-57所示。

图4-55　“颜色叠加”效果

图4-56　“形状”工具属性栏

图4-57　绘制矩形

（16）执行“图层”→“图层样式”→“描边”菜单命令，打开“图层样式”对话框，在对话框中勾选“描边”“内阴影”和“颜色叠加”复选按钮，对描边、内阴影、颜色叠加样式的参数设置分别如图4-58、图4-59和图4-60所示。

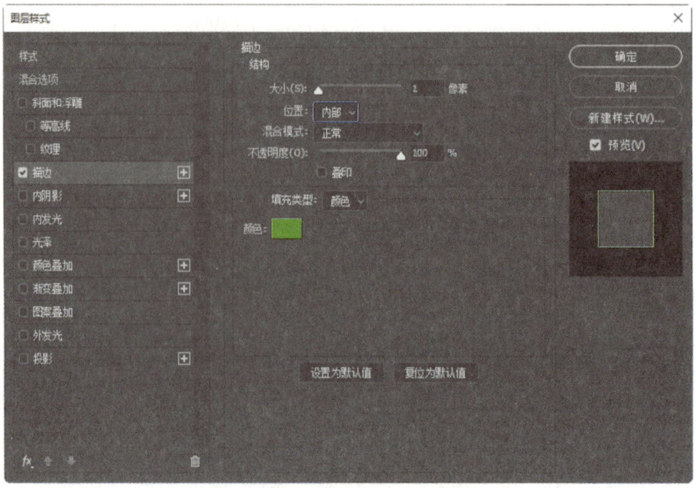

图4-58　设置描边参数

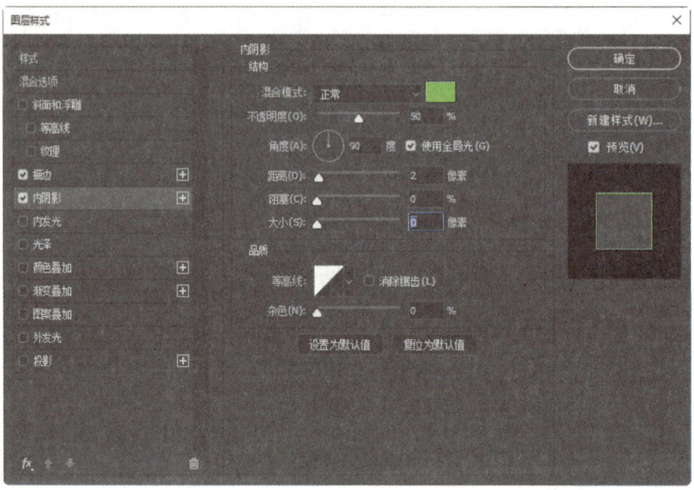

图4-59　设置内阴影参数

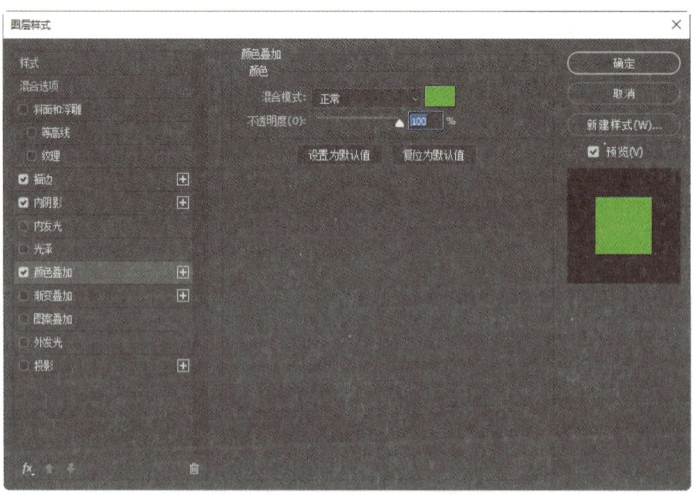

图4-60　设置颜色叠加参数

（17）先按“Ctrl+J”键复制矩形，再执行“编辑”→“自由变换”菜单命令，打开自由变换编辑框，将鼠标光标移至编辑框边缘位置后，单击鼠标左键并向内侧拖曳，缩小矩形，如图4-61所示。

图4-61　缩小矩形

（18）执行“图层”→“图层样式”→“内阴影”菜单命令，打开“图层样式”对话框，参数设置如图4-62所示，设置完成后单击“确定”按钮，应用样式效果如图4-63所示。

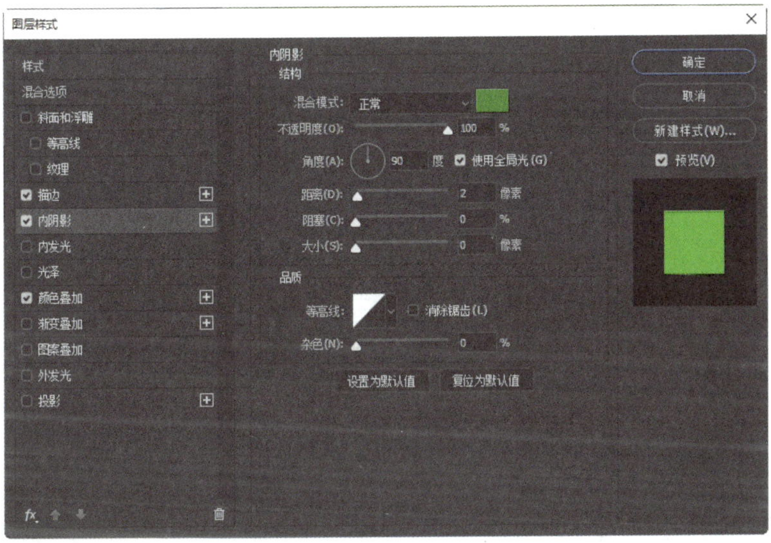

图4-62　设置内阴影参数

图4-63　应用样式后的效果

（19）使用同样的方法，绘制如图4-64所示的图形。

图4-64　绘制右侧图形

（20）单击工具箱中的“横排文字工具”按钮，在工具属性栏中设置字体为黑体，设置字号为20点，设置颜色为白色，并输入文字，效果如图4-65所示。

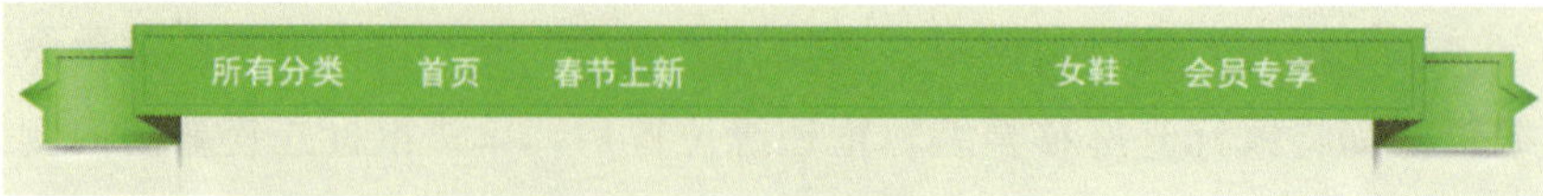

图4-65　输入文字后的效果

（21）单击工具箱中的“多边形工具”按钮，在“属性”面板中设置边数为60，如图4-66所示，然后在如图4-67所示的位置绘制一个多边形。

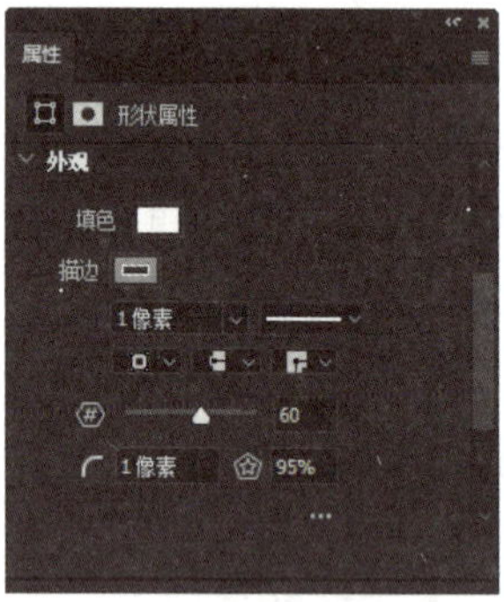

图4-66　“属性”面板

图4-67　绘制多边形

（22）先按“Ctrl+J”键复制图形，再按“Ctrl+T”键，打开自由变换编辑框，拖曳编辑框，对图形进行等比例缩小处理，并填充颜色为#34de37，效果如图4-68所示。

（23）单击工具箱中的“直线工具”按钮，在多边形中间绘制一条水平线，如图4-69所示。

图4-68　缩小多边形并填充颜色后效果

图4-69　绘制水平线

（24）单击工具箱中的“多边形工具”按钮，在“属性”面板中设置边数为5，设置填充颜色为黄色，如图4-70所示，然后在直线上绘制一个五角星，如图4-71所示。

图4-70　“属性”面板

图4-71　绘制五角星

（25）单击工具箱中的“横排文字工具”按钮，在工具属性栏中分别设置对应的文字属性，最后在多边形内添加文字，最终效果如图4-72所示。

图4-72　最终效果

案例——制作茶具商品店招与导航

（1）执行“文件”→“新建”菜单命令，打开“新建”对话框，设置宽度为1200像素，高度为150像素，如图4-73所示，单击“确定”按钮，退出对话框，新建“制作茶具商品店招与导航”文件。

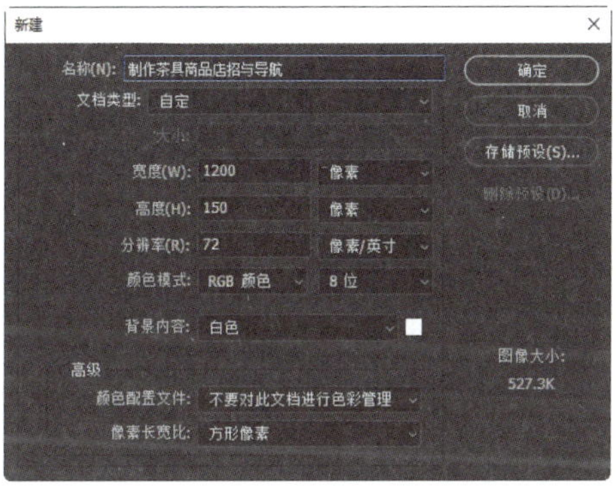

图4-73　“新建”对话框

（2）在工具箱中将前景色设置为R241、G240、B219，然后按“Alt+Delete”键将背景填充颜色，如图4-74所示。

图4-74　填充颜色

（3）单击工具箱中的“矩形工具”按钮，设置填充颜色为#044c07，然后在如图4-75所示的位置绘制一个矩形。

图4-75　绘制矩形

（4）执行“文件”→“打开”菜单命令，打开“源文件/项目四/树叶.psd”文件，将树叶直接拖入“制作茶具商品店招与导航”文件中，然后按“Ctrl+T”键调整树叶的大小，并放置到如图 4-76 所示的位置，此时将图层名称修改为“树叶”，如图4-77 所示。

图4-76　放置树叶

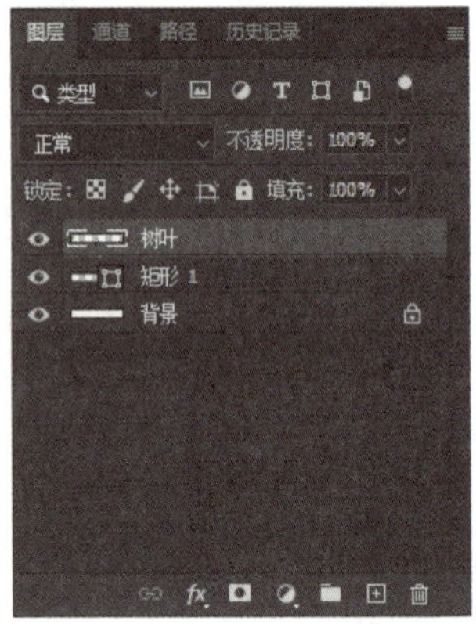

图4-77　修改图层名称

（5）单击工具箱中的“横排文字工具”按钮，在工具属性栏中设置字体为方正粗黑宋简体，设置字号为60 点，设置颜色为#006105，如图4-78 所示，然后在如图4-79 所示的位置输入“茶具阁”。

图4-78　工具属性栏

图4-79　输入“茶具阁”

（6）单击工具箱中的“直线工具”按钮，在如图 4-80 所示的位置绘制一条竖线，并设置填充颜色为#006205。

图4-80　绘制竖线

（7）单击工具箱中的“横排文字工具”按钮，在工具属性栏中设置字体为方正粗黑宋简体，设置字号为30 点，设置颜色为#006105，然后在如图4-81 所示的位置输入“始于颜值，忠于品质”。

图4-81　输入“始于颜值，忠于品质”

（8）单击工具箱中的“矩形工具”按钮，在“属性”面板中设置填充颜色为#d30df7，四个角的半径为14像素，如图4-82所示，然后在如图4-83所示的位置绘制一个圆角矩形。

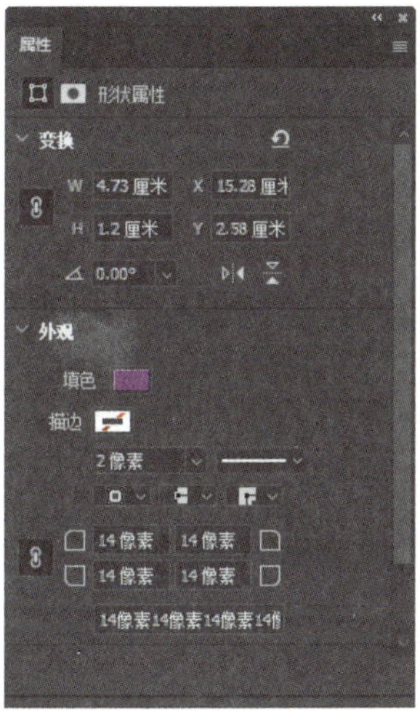

图4-82 “属性”面板

图4-83 绘制圆角矩形

（9）单击工具箱中的“自定形状工具”按钮，设置填充色为白色，在如图4-84所示的位置绘制一朵小花。

（10）单击工具箱中的“横排文字工具”按钮，设置字体为黑体，设置字号为18点，设置颜色为白色，然后在如图4-85所示的位置输入“关注收藏”。

图4-84 绘制小花

图4-85 输入“关注收藏”

（11）执行“文件”→“打开”菜单命令，打开“源文件/项目四/茶壶.jpg”图片，单击工具箱中的“魔棒工具”按钮后，单击茶壶的空白处，然后按下“Shift”键并单击壶把的空白处，形成两个选区，如图4-86所示。

（12）执行“选择”→“反选”菜单命令，反选选区，如图4-87所示，将茶壶拖入“制作茶具商品店招与导航”文件中，并调整茶壶的大小，如图4-88所示。

（13）然后按照相同的方法放置剩余的茶壶，如图4-89所示。

（14）单击工具箱中的“横排文字工具”按钮，在工具属性栏中设置字体为黑体，设置字号为16点，设置颜色为白色，然后分别输入文字，如图4-90所示。

（15）单击工具箱中的“直线工具”按钮，绘制如图4-91所示的白色竖线。

图4-86　形成选区

图4-87　反选选区

图4-88　放置茶壶

图4-89　放置剩余茶壶

图4-90　输入文字

图4-91　绘制竖线

（16）单击工具箱中的“矩形工具”按钮，在如图4-92所示的位置上绘制一个矩形，并设置填充颜色为红色。

（17）单击工具箱中的“矩形工具”按钮，在“属性”面板中设置填充颜色为白色，四个角的半径为9像素，如图4-93所示，然后绘制一个白色的圆角矩形。

（18）再次单击“矩形工具”按钮，然后在如图4-94所示的位置绘制一个小的红色圆角矩形。

（19）单击工具箱中的“横排文字工具”按钮T，在红色圆角矩形上输入“搜索”，并设置字体为黑体，设置字号为16点，设置颜色为白色，最终效果如图4-95所示。

图4-92　绘制矩形

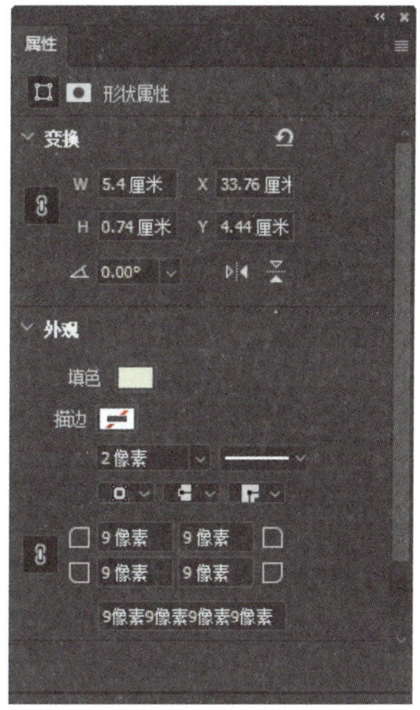

图4-93　“属性”面板

图4-94　绘制圆角矩形

图4-95　最终效果

任务总结

通过本任务的学习，小红掌握了设计店招与导航的方法，并且可以设计出不同风格的店招与导航。

任务 3　设计模板

任务引入

美观、新颖的店铺装修往往更容易吸引消费者的注意，也会给消费者留下良好的“第一印象”，所以在装修店铺前，模板的设计非常重要。那么，怎样对模板进行管理呢？模块的设置有哪些呢？

知识准备

一、模板的管理

模板是预设的符合店铺装修要求的样式，其便捷和简单的性能大大降低了店铺装修的工作难度，提高了网店美工的工作效率，是网店美工在店铺装修工作中最常使用的工具之一。下面讲解选择模板和设置模板颜色的方法。

（1）登录淘宝网，单击“千牛卖家中心”按钮，如图4-96所示，进入千牛卖家中心页面，在左侧的“店铺管理”栏中选择“店铺装修”选项，进入“店铺装修”页面，如图4-97所示。

图4-96　单击“千牛卖家中心”按钮

图4-97　“店铺装修”页面

（2）在“店铺装修”页面单击“模板”图标，进入模板管理页面。

（3）单击“PC端”按钮，在“系统模板”栏的下方可以看到3套系统模板，如图4-98所示，根据需要，选择合适的模板，单击模板下方的“马上使用”单击即可。

（4）返回“店铺装修”页面，单击“配色”图标，在打开的配色方案选区中，选择需要的颜色即可完成整体颜色的变换，如图4-99所示。

（5）我们在操作时有可能误删模板，此时我们需要对模板进行备份。进入“店铺装修”页面，单击“模板”图标，进入模板管理页面，单击“PC端”按钮，在页面中会显示正在使用的模板，如图4-100所示，单击“备份和还原”按钮备份和还原，打开“备份与还原”对话框，如图4-101所示，在“备份名”和“备注”文本框中输入相应的内容即可。

图4-98　选择模板

图4-99　更改模板颜色

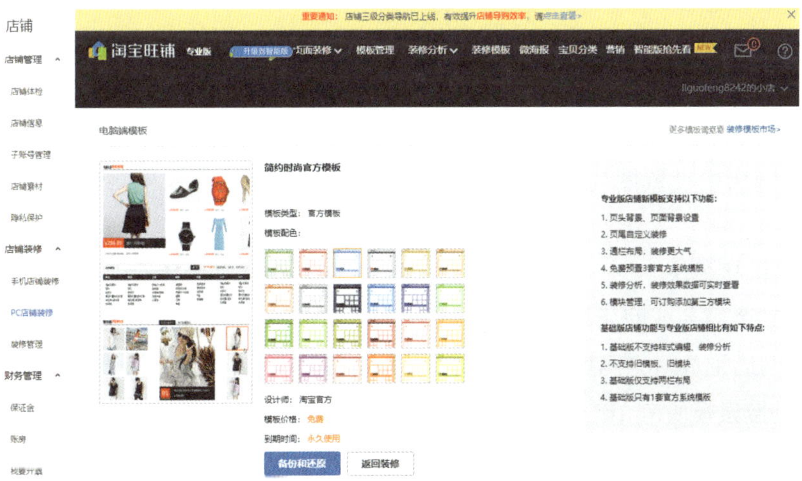

图4-100　显示正在使用的模板

图4-101 “备份与还原”对话框

二、模块的设置

模块是网店页面的基础组成部分，商品、页面装修等都依托模块而存在。下面对基础模块进行介绍。

网店的基础模块包括商品推荐、商品排行、图片轮播、友情链接、宝贝搜索、自定义区模块等，下面对这些基础模块分别进行介绍。

1）商品推荐模块

商品推荐与横幅广告的效果类似，合理运用商品推荐模块能吸引消费者眼球。该模块常位于图片轮播模块的下方，用于推荐网店中销量较好的商品，从而达到促销的目的。

2）商品排行模块

商品排行模块主要是对热销商品的销量进行排序，当消费者浏览网店时，可以通过商品排行进一步掌握热销商品，从而引起消费者的兴趣，提升销量。

3）图片轮播模块

当进入网店时，总能看到美观大气的广告图片在醒目的地方进行播放，这就是图片轮播，在网店中设置图片轮播模块能大大提升网店的视觉效果，同时也能为网店增加人气。

4）友情链接模块

当收藏某个商品或网店后，往往会出现同类型的网店或商品，友情链接模块是指互相在自己的网店上放对方网店的链接，以达到互相促进销售的目的。

5）宝贝搜索模块

每个网店都会上架很多不同类型的商品，当商品过多时，消费者往往不知道从何查看。此时，添加宝贝搜索模块即可对商品进行搜索，便于消费者查找并购买商品。

6）自定义区模块

装修模块的大小和位置都影响网店的视觉效果，但常用模块往往不能满足网店装修的要求，因此可使用自定义区模块对网店进行装修，从而完整地展示网店特色。

任务总结

通过本任务的学习，小红对模板设计有了一定的了解，掌握了模板的管理方法和模块的设置应用。

项目总结

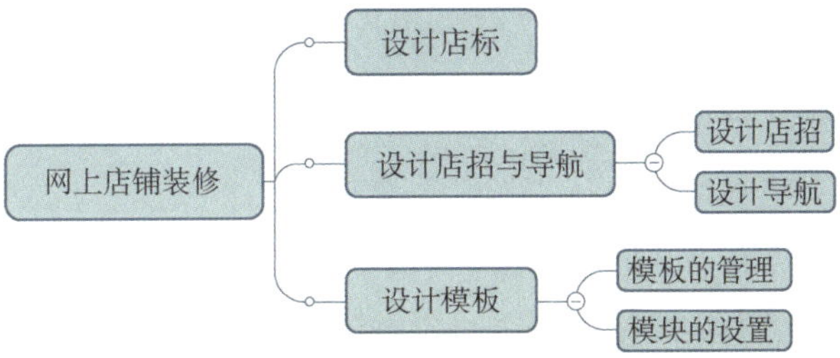

项目实战

实战　制作化妆品导航条

（1）执行“文件”→“新建”菜单命令，新建一个1000像素×300像素的“制作化妆品导航条”文件，并填充背景色。

（2）单击工具箱中的“矩形工具”按钮，在工具属性栏中设置填充颜色为#ffbb5b，如图4-102所示，绘制一个矩形，如图4-103所示。

图4-102　工具属性栏

图4-103　绘制矩形

（3）单击“图层”面板下方的“添加图层样式”按钮，在弹出的快捷菜单中选择“投影”选项，打开“图层样式”对话框，参数设置如图4-104所示，添加投影后的效果如图4-105所示。

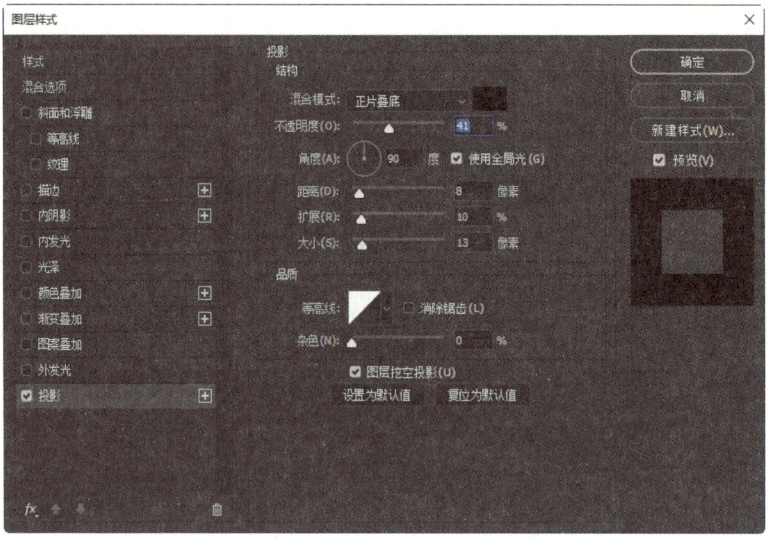

图4-104 “图层样式”对话框

图4-105 添加投影后的效果

（4）执行“文件”→“打开”菜单命令，打开“源文件/项目四/花朵.jpg”图片，使用魔棒工具对花朵进行抠图处理，然后将花朵拖入“制作化妆品导航条”文件中，并调整大小，如图4-106所示。

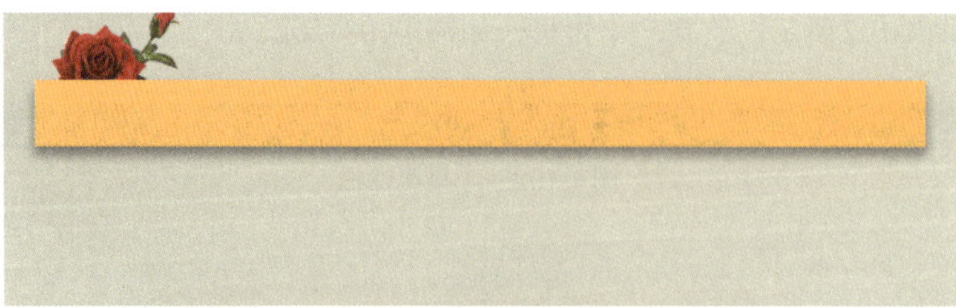

图4-106 放置花朵

（5）单击工具箱中的“直线工具”按钮，绘制四条竖线，如图4-107所示。

（6）单击工具箱中的“横排文字工具”按钮，在工具属性栏中设置字体为黑体，设置字号为26点，设置颜色为黑色，然后输入文字，如图4-108所示。

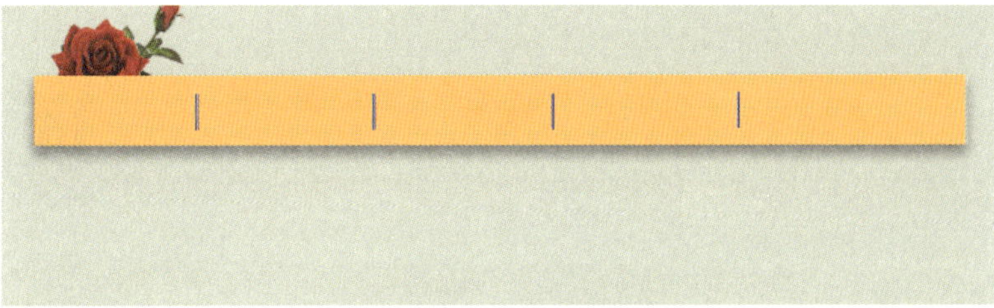

图4-107　绘制竖线

图4-108　输入文字

（7）单击工具箱中的“矩形工具”按钮，绘制两个矩形，如图4-109所示。

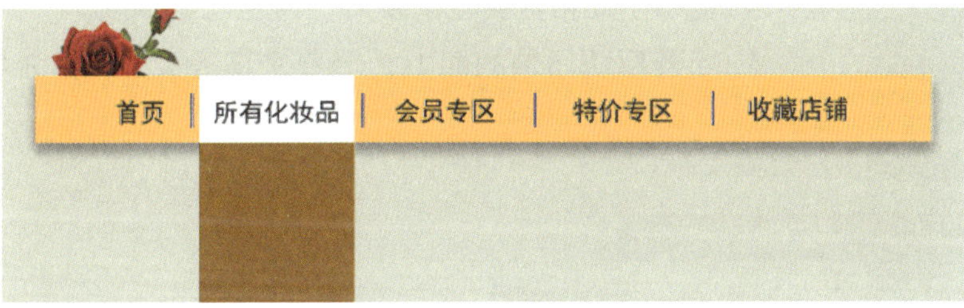

图4-109　绘制两个矩形

（8）单击工具箱中的“横排文字工具”按钮，继续添加文字，最终效果如图4-110所示。

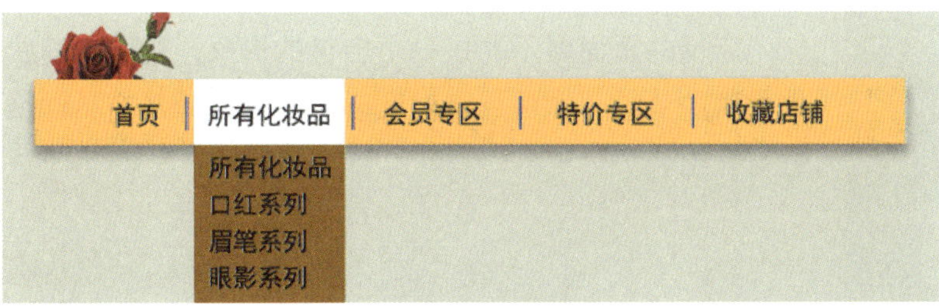

图4-110　最终效果

项目五

页 面 设 计

素质目标

➢ 能够主动拓宽自己的视野，避免思维局限。

➢ 培养解决问题的能力，培养求真务实、精益求精的学习态度。

技能目标

➢ 掌握网店首页的设计方法。

➢ 掌握商品详情页的设计方法。

项目导读

店铺的页面展示的是一个店铺的形象，是引导消费者、提供转化率的关键。本项目将对网店首页的设计及商品详情页的设计进行介绍。

任务1　网店首页的设计

任务引入

小红有一批衣服，积压了很久，想要尽快处理，在进行网店装修时，想通过设立一个促销广告的区域，来吸引消费者，可是又怕消费者不了解衣服的情况，又打算设立一个客服区，来和消费者进行交流。那么，怎样设计促销广告的区域和客服区呢？

知识准备

网店装修，主要包含网店首页的装修和单个商品页面的装修，其中网店的首页就像实体店铺中的店招、导购人员、店面装饰和活动招贴等，它能够最直接地展示店铺的特点与风格。

一、网店首页概述

网店首页需要具有视觉吸引力，才能使消费者产生点击的欲望，从而提升商品的销量。网店首页的风格要以店铺的定位为中心，统一风格。因此，在制作网店首页时要考虑品牌风格、商品特点、目标消费人群等因素，以保证店铺风格与商品风格的一致性。

我们在排列商品时要根据商品的实际销售情况布局，各结构板块之间的布局要详略得当、清晰明了。

1. 网店首页的作用

网店首页会直接影响店铺的流量，因此为了设计出具有吸引力的网店首页，就需要对网店首页的作用进行了解，这样才能有针对性地设计出满足消费者需求的网店首页。

（1）展示商品：网店首页中展示的商品主要是根据店铺的营销目标来确定的，通过网店首页能够将这些商品更好地展现到消费者面前，从而提升商品的销量。

（2）树立品牌形象：网店首页可以非常直观地表达出该店铺的风格，从而树立品牌形象，给每位消费者留下深刻的印象。

（3）展示促销信息：网店首页是整个店铺的门面，有着非常好的位置优势。为了突出店铺的促销信息，一般会将这些信息放在首页进行展示，以起到很好的推广与营销效果。

（4）引流：网店首页中的导航、商品搜索就是常见的引流方式。消费者可以通过导航中的各商品类目进入相应的商品页面，也可以通过搜索的方式快速找到自己需要的商品。

2. 网店首页的设计要点

网店首页的视觉效果能够决定消费者对店铺的整体印象，一个优秀的网店首页更容易赢得消费者对店铺和品牌的好感。在设计网店首页时，应该基于店铺自身的定位进行功能区的划分，通过整体设计与布局，达到与定位相匹配的理想视觉效果。

二、轮播海报

轮播海报位于店招与导航的下方，是整个首页中十分醒目的部分，也是首页设计中的重点，具有增加店铺人气、促进销售的作用，一般用于展示店铺活动与促销信息。

1. 轮播海报的视觉设计要点

轮播海报是多张海报循环播放，要使轮播海报达到美观、吸引消费者注意力的效果，就要对每张海报的主题、构图等视觉设计要点进行综合考虑。

1）主题

无论是新品上市还是活动促销，海报的主题都需要围绕一个方向，并确定对应的轮播图效果。一般情况下，海报的主题通过商品和文字来体现，将对商品的描述提炼成简练的文字，并放在海报的第一视觉点，让消费者能够直观地看到出售的商品。此外，还需要根据商品和活动选择合适的背景。

2）构图

构图的好坏直接影响海报的效果，构图方式主要分为左右构图、左中右三分构图、上下构图和斜切构图4种。

（1）左右构图是比较典型的构图方式，一般分为左图右文或左文右图。图5-1所示为左右构图效果。

图5-1 左右构图效果

（2）左中右三分构图是海报两侧为图片，中间为文字，相对于左右构图更具有层次感。图5-2所示为左中右三分构图效果。

图5-2 左中右三分构图效果

（3）上下构图是上图下文或上文下图。图5-3所示为上下构图效果。

图5-3　上下构图效果

（4）斜切构图主要指将文字或图片倾斜，使画面产生时尚、动感、活跃效果的构图方式，但画面的平衡感不好控制，需重点关注。图5-4所示为斜切构图效果。

图5-4　斜切构图效果

2. 配色

海报不但需要选择主题和构图方式，还需要统一色调。在配色时，对重要的文字信息要用突出醒目的颜色进行强调，通过明暗对比及不同颜色的搭配来确定对应的风格，并且背景颜色应该统一，不要使用太多的颜色，以免页面杂乱。

三、欢迎模块

欢迎模块在网店首页中所占的面积较大，相当于实体店铺中的海报或招贴，其主要内容为店铺中的最新商品动态或活动信息，每个网店的首页至少需要设计一个欢迎模块。如果店家在首页中添加了图片轮播，那么欢迎模块的数量就要与轮播图片的数量相同。

欢迎模块可以将店铺的活动内容罗列出来，也可以将新上架的商品展示出来，由于其涉及的内容较广，因此，在设计之前，要先确定设计的重点，搞清楚欢迎模块在某个时间范围内的作用。如果是为新品进行宣传，那么设计的内容就应以新品的形象为主；如果是为某个节日策划的活动，如中秋、元旦，那么设计的内容就应符合节日的气氛。

案例——制作护肤品欢迎模块

（1）执行“文件”→“打开”菜单命令，打开“源文件/项目五/背景.jpg”图片，如图5-5所示。

（2）执行“图像”→“调整”→“色相/饱和度”菜单命令，打开“色相/饱和度”对话框，设置参数如图5-6所示，单击“确定”按钮，退出对话框，调整“色相/饱和度”后的效果如图5-7所示。

图5-5 打开素材图片

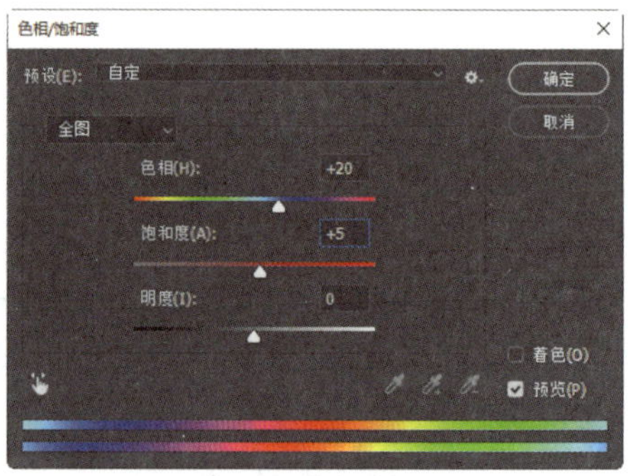

图5-6 “色相/饱和度”对话框

（3）执行“图像”→“调整”→“曲线”菜单命令，打开“曲线”对话框，在“输出”文本框中输入149，在“输入”文本框中输入125，如图5-8所示，单击“确定”按钮，退出对话框，调整曲线后图像的效果如图5-9所示。

图5-7 调整“色相/饱和度”后的效果

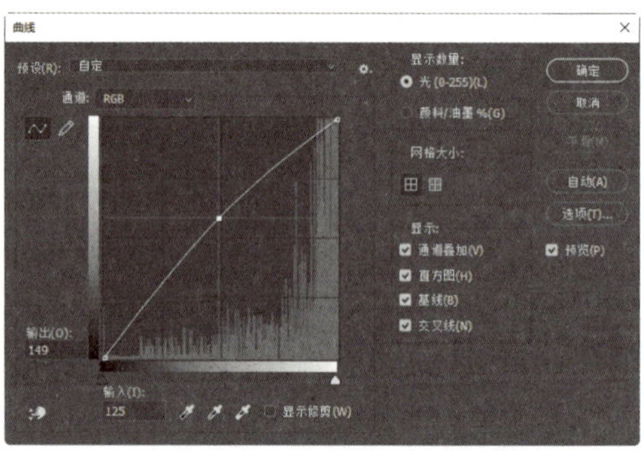

图5-8 “曲线”对话框

图5-9　调整曲线后图像的效果

（4）执行“文件”→“打开”菜单命令，打开“源文件/项目五/护肤品.psd”文件，将其拖入到背景文件中，如图5-10所示。

（5）单击“图层”面板下方的“添加图层样式”按钮fx，在弹出的快捷菜单中选择“描边”选项，如图5-11所示，打开“图层样式”对话框，设置描边颜色为#fd8afe，大小为2像素，如图5-12所示。

图5-10　拖入图像

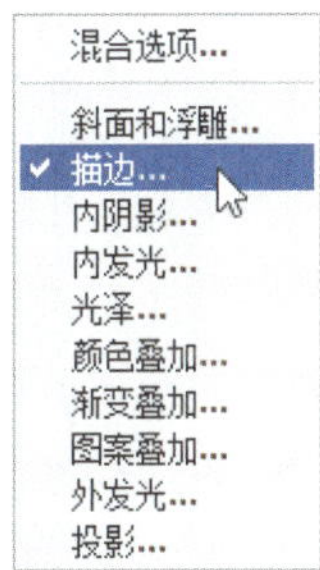

图5-11　快捷菜单

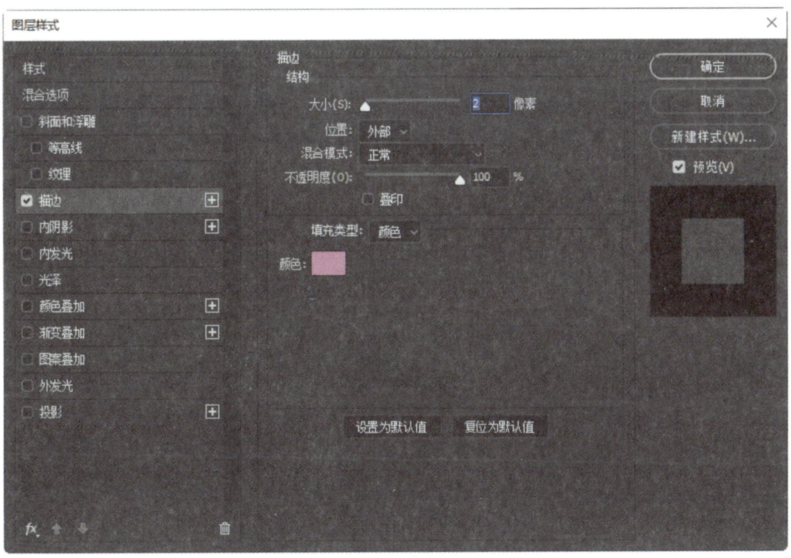

图5-12　“图层样式”对话框

（6）单击“确定”按钮，退出对话框，描边后的图片效果如图5-13所示。

图5-13　描边后的图片效果

（7）单击工具箱中的“椭圆工具”按钮，绘制一个小椭圆，颜色设置为#b0b2e2，单击“图层”面板下方的“添加图层样式”按钮，添加内发光效果，参数设置如图5-14所示，效果如图5-15所示。

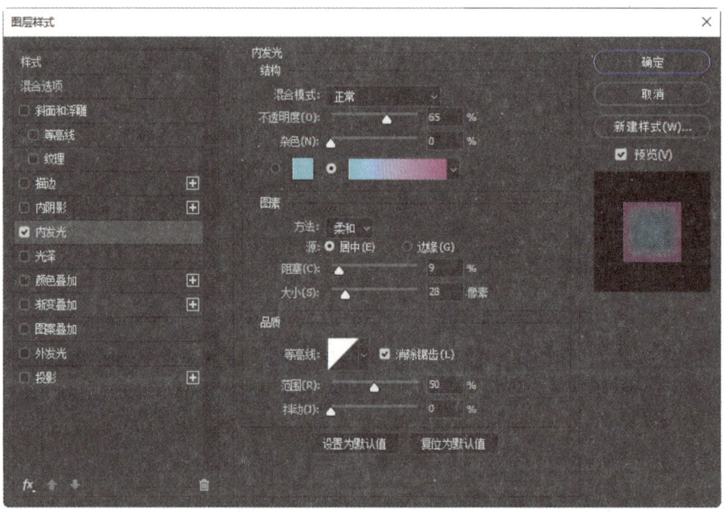

图5-14　设置内发光参数

图5-15　设置内发光后效果

（8）单击工具箱中的“横排文字工具”按钮，在工具属性栏中设置字体为宋体，设置字号为16点，设置颜色为红色，在椭圆内输入文字“保湿”，如图5-16所示。

图5-16　输入文字

（9）选择文字和椭圆图层，进行多次复制，并修改对应的文字内容，如图5-17所示。

图5-17　多次复制文字和椭圆图层

（10）单击工具箱中的“横排文字工具”按钮，在工具属性栏中设置字体为方正粗黑宋简体，设置字号为60点，设置颜色为#1616ff，并在文本框中输入“定”，如图5-18所示。

图5-18　添加文字

（11）单击“图层”面板下方的“添加图层样式”按钮fx，添加“斜面和浮雕”与“描边”效果，参数设置分别如图5-19和图5-20所示，添加后的效果如图5-21所示。

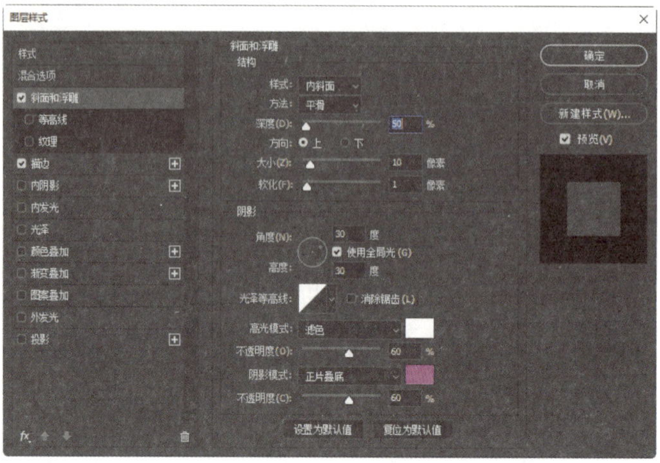

图5-19　设置“斜面和浮雕”参数

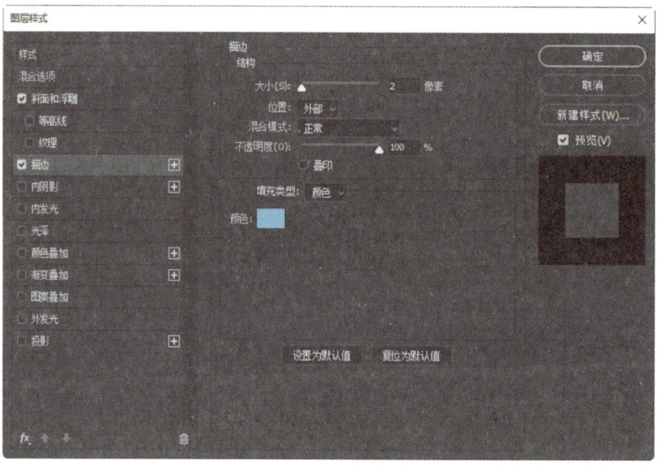

图5-20　设置“描边”参数

图5-21　添加后的效果

（12）单击工具箱中的“横排文字工具”按钮，在文本框中输入“格年龄”，并添加描边效果，参数设置如图5-22所示，添加描边后效果如图5-23所示。

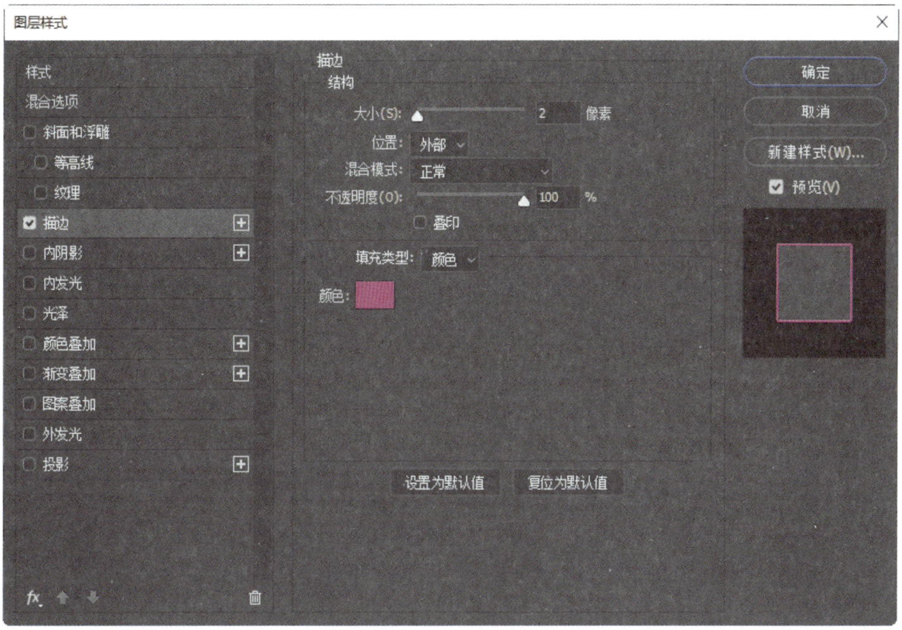

图5-22　设置“描边”参数

图5-23　添加描边后效果

（13）单击工具箱中的“横排文字工具”按钮，在文本框中输入“28天焕活年轻美肌”，设置字体为黑体，设置字号为24点，设置颜色为#bf00ab。

（14）同理，继续在文本框中输入“熬夜人群挑战 实测效果看得见”，设置字体为宋体，设置字号为16点，设置颜色为#bf00ab，最终效果如图5-24所示。

图5-24　最终效果

四、促销广告

网店中的促销广告是对最新热卖商品、促销活动等进行的展示，通常位于店铺导航的下方，比导航、店招所占的区域都要大，也是顾客进入店铺后最容易被吸引的区域，其设计效果的好与坏将直接影响店铺的点击率和商品的销量。在设计促销广告时，还需要考虑整个店铺的装修风格，这样才能与网店的整体版面和谐统一。

案例——制作女鞋促销广告

（1）执行“文件”→“打开”菜单命令，打开“源文件/项目五/背景1.jpg”图片，如图5-25所示。

图5-25　打开素材图片

（2）执行“图像”→“调整”→“曲线”菜单命令，打开“曲线”对话框，在“输出”文本框中输入129，在“输入”文本框中输入104，如图5-26所示，单击“确定”按钮，退出对话框，调整后的图像效果如图5-27所示。

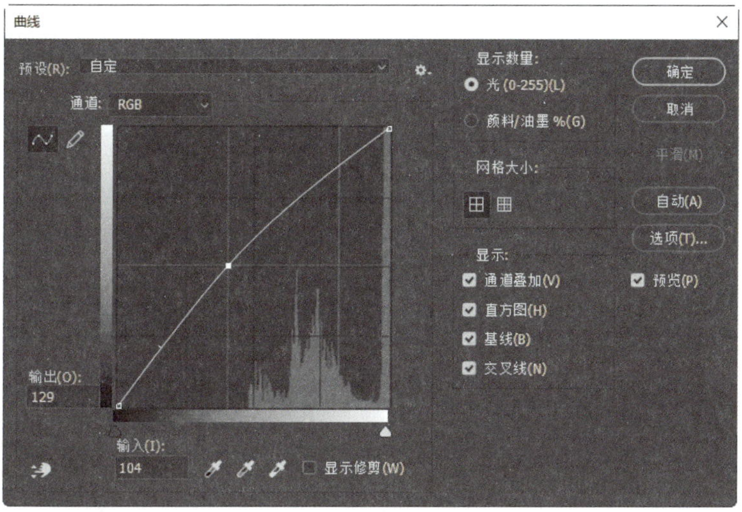

图5-26　“曲线”对话框

图5-27　调整后的图像效果

（3）单击工具箱中的“三角形工具”按钮，在工具属性栏中设置填充颜色为#bf00ab，描边颜色为#00d8ff，如图5-28所示，然后在顶部绘制一个三角形。

图5-28　工具属性栏

（4）单击“图层”面板下方的“添加图层样式”按钮，在弹出的快捷菜单中选择“外发光”选项，打开“图层样式”对话框，参数设置如图5-29所示，效果如图5-30所示。

（5）单击工具箱中的“横排文字工具”按钮，在文本框中输入“WOMAN”，在工具属性栏中设置字体为方正粗黑宋简体，设置字号为90点，设置颜色为#f6ff68，效果如图5-31所示。

（6）单击“图层”面板下方的“添加图层样式”按钮，给文字添加“斜面和浮雕”效果，参数设置如图5-32所示，效果如图5-33所示。

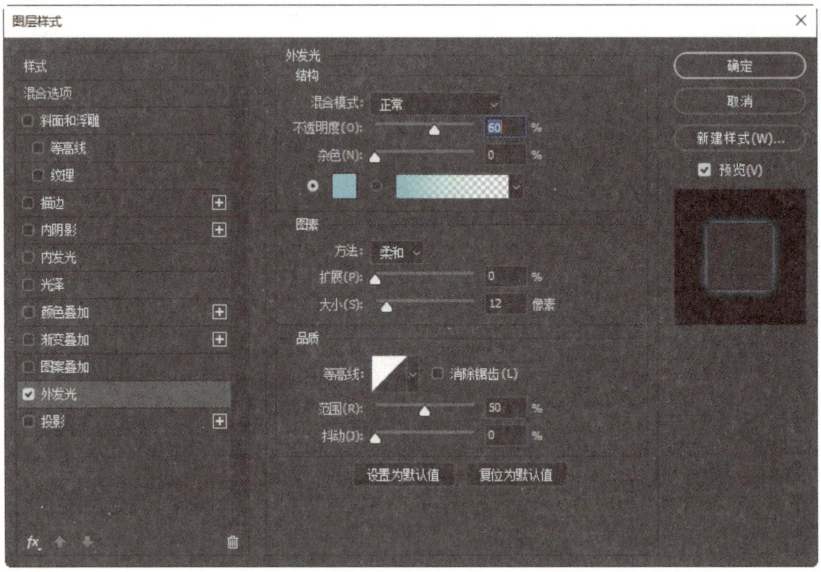

图 5-29 “图层样式”对话框

图 5-30 绘制的三角形

图 5-31 输入文字

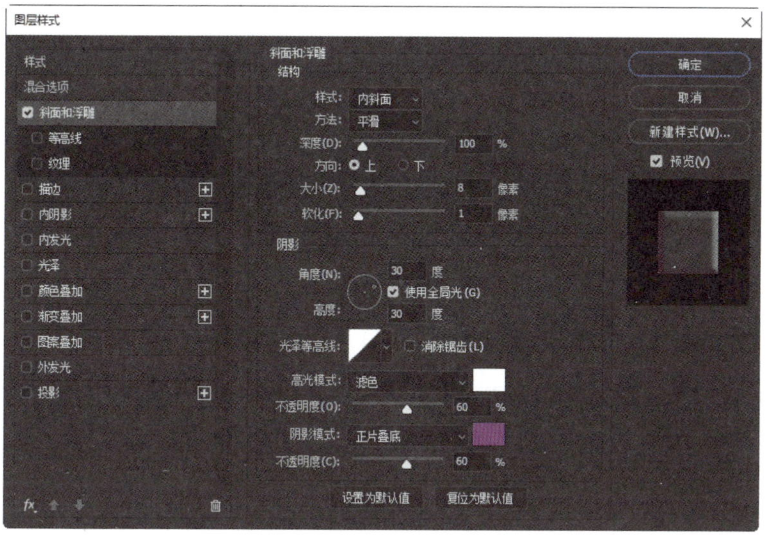

图5-32　设置“斜面和浮雕”参数

图5-33　添加“斜面和浮雕”效果

（7）单击工具箱中的“横排文字工具”按钮T，在文本框中输入“八折/包邮”，设置字体为黑体，设置字号为36点，设置颜色为#0048ff，效果如图5-34所示。

图5-34　添加文字

（8）执行“文件”→“打开”菜单命令，打开“源文件/项目五/女鞋.jpg”图片，利用“魔棒工具”，单击空白处绘制选区，然后单击“反选”命令，反选选区，如图5-35所示。

（9）将女鞋拖入到背景1文件中，按“Ctrl+T”键调整女鞋的大小，如图5-36所示。

图5-35　绘制选区

图5-36　拖入女鞋

（10）单击工具箱中的“横排文字工具”按钮，继续输入“FASHION”，在“字符”面板中设置“F”的字号为100点，“ASHION”的字号为72点，设置字体为黑体，设置颜色为红色，“F”的参数设置如图5-37所示，“FASHION”的最终效果如图5-38所示。

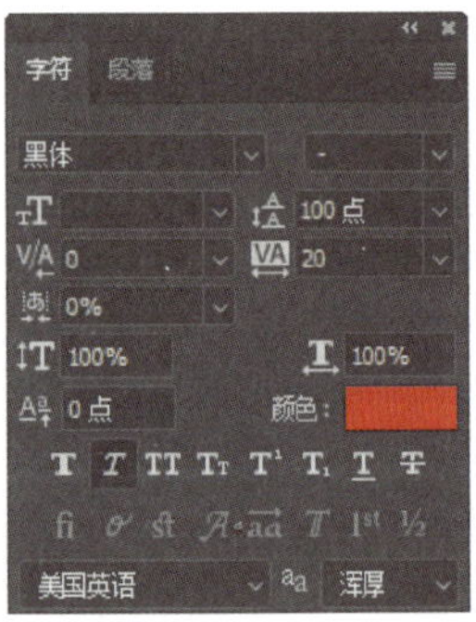

图5-37　“字符”面板

图5-38　文字效果

（11）继续输入“春季新款发布”和“性感潮流防水防滑超高跟女鞋”，设置文字的字体为黑体，设置字号为24点，效果如图5-39所示。

图5-39　输入文字

（12）单击工具箱中的“矩形工具”按钮，在“春季新款发布”上绘制矩形，设置填充颜色为#008cf8，并将该图层放置到“春季新款发布”图层下面，最终效果如图5-40所示。

图5-40　最终效果

五、收藏区与客服区

在网店的首页中，除了店招、导航、欢迎模块、促销广告等内容，还会有收藏区和客服区，它们的形式较为丰富，大小也不固定，可以根据首页的整体设计来改变相应的尺寸。

收藏区的设计在网店首页的装修中至关重要，当顾客对店铺的商品感兴趣时，恰到好处的设计可以提高店铺的浏览量，增加顾客再次光临网店的概率。因此，在很多网店的首页中，会设计多个收藏区来提示顾客及时对该店进行收藏。

网店的客服就像实体店铺中的售货员，承担着为顾客解决一切困难的责任。在网店首页中添加客服区，可以及时地解决顾客的疑问，为网店的服务加分，同时提高网店的成交率和回头率。

无论是网店首页中的收藏区还是客服区，其设计风格都与网店首页的整体风格息息相关。在设计收藏区的过程中，为了增加顾客的收藏兴趣，很多时候会在收藏区中添加相关的优惠信息，以激发顾客对店铺的兴趣，提高店铺的收藏量。

设计客服区最重要的就是要体现客服的专业和热情。一般客服区的旺旺图标都会整齐排列，甚至会使用俏皮、美观的头像来拉近顾客与客服之间的距离，激发顾客的咨询欲望。

案例——制作文具收藏区

（1）执行“文件”→“打开”菜单命令，打开“源文件/项目五/背景2.jpg”图片，如图5-41所示。

图5-41　打开素材图片

（2）执行“图像”→“调整”→“曲线”菜单命令，打开“曲线”对话框，在“输出”文本框中输入135，在“输入”文本框中输入110，如图5-42所示，单击“确定”按钮，退出对话框，调整后的图像效果如图5-43所示。

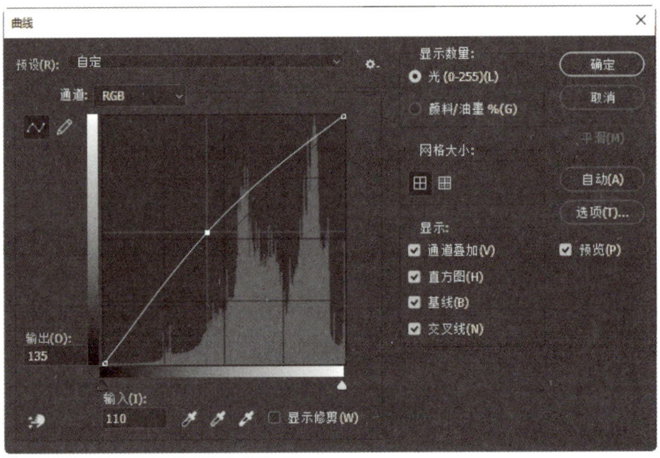

图5-42　“曲线”对话框

图5-43　调整后的图像效果

（3）单击工具箱中的“椭圆工具”按钮，在工具属性栏中设置填充颜色为#bdf6fa，如图5-44所示，并在图片的左下角绘制一个椭圆，如图5-45所示。

图5-44　工具属性栏

图5-45　绘制椭圆

（4）单击“图层”面板下方的“添加图层样式”按钮fx，在弹出的快捷菜单中选择“外发光”选项，打开“图层样式”对话框，参数设置如图5-46所示，效果如图5-47所示。

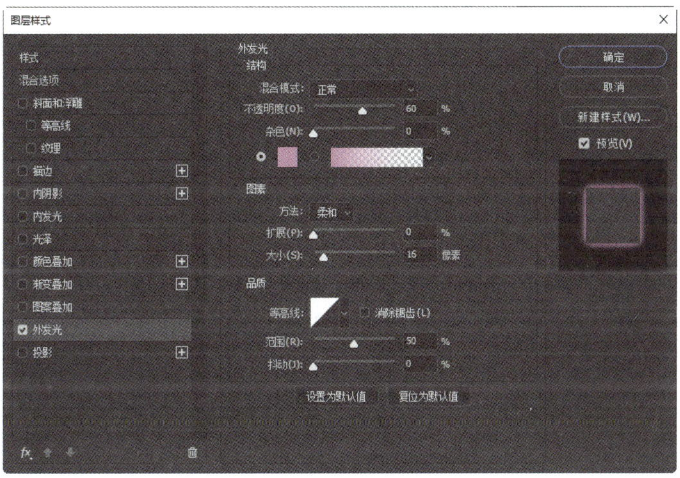

图5-46　“图层样式”对话框

图5-47　添加“外发光”效果

（5）单击工具箱中的“横排文字工具”按钮，在工具属性栏中设置文字属性，如图5-48所示，然后在椭圆内输入“收藏有礼”，效果如图5-49所示。

图5-48　设置文字属性

图5-49　输入文字后效果

（6）继续单击工具箱中的“横排文字工具”按钮，在“收藏有礼”下方输入“收藏本店铺，领3元优惠券”和“活动时间：3月15日—3月30日”，打开“字符”面板，分别对文字进行设置，如图5-50和图5-51所示。

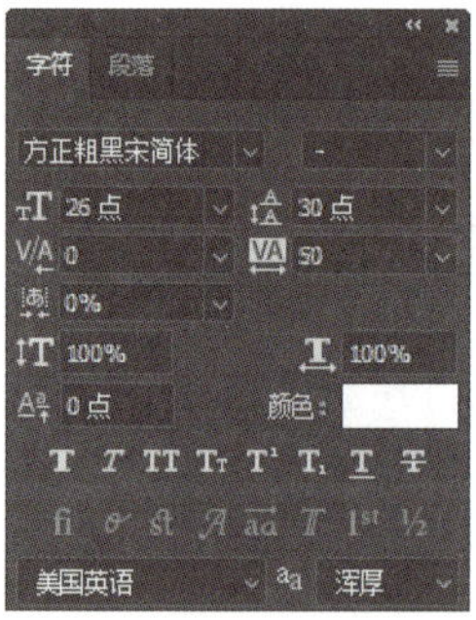

图5-50　“字符”面板1

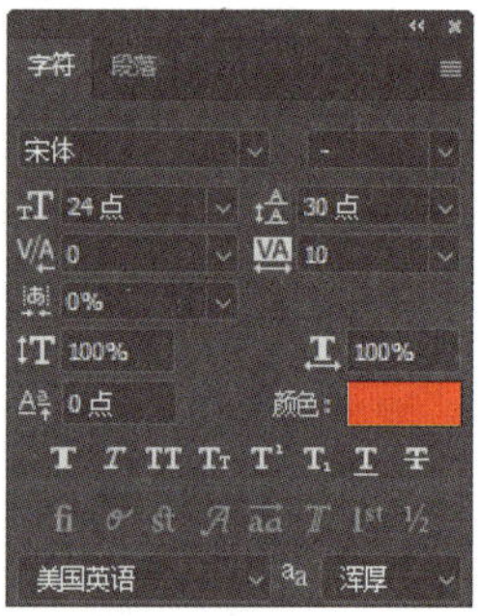

图5-51　“字符”面板2

（7）单击工具箱中的“矩形工具”按钮，在“收藏本店铺，领3元优惠券”上绘制一个矩形，设置填充颜色为#bf00ab，效果如图5-52所示。

图5-52　绘制矩形

（8）单击工具箱中的“横排文字工具”按钮T，输入“3元优惠券”，将字体设置为华文行楷，颜色设置为#d4af00，“3”的字号设置为60点，“元优惠券”的字号设置为36点。

（9）单击“图层”面板下方的“添加图层样式”按钮fx，给文字添加“描边”效果，参数设置如图5-53所示，效果如图5-54所示。

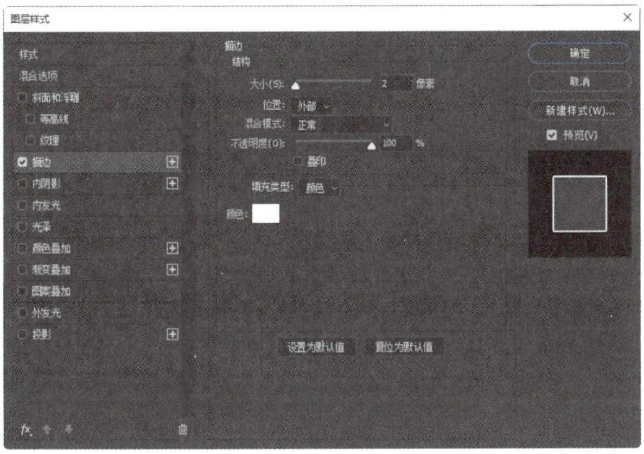

图5-53　设置“描边”参数

图5-54　添加“描边”效果

（10）单击工具箱中的“矩形工具”按钮，在文字上绘制一个矩形，设置填充颜色为#ee9def，描边颜色为#be00a1，并将该矩形图层放置到“3元优惠券”图层的下方，如图5-55所示。

（11）单击工具箱中的“横排文字工具”按钮T，继续输入文字“(单独收藏店铺可领3元优惠券)”，然后打开“字符”面板，参数设置如图5-56所示，效果如图5-57所示。

图5-55　绘制矩形

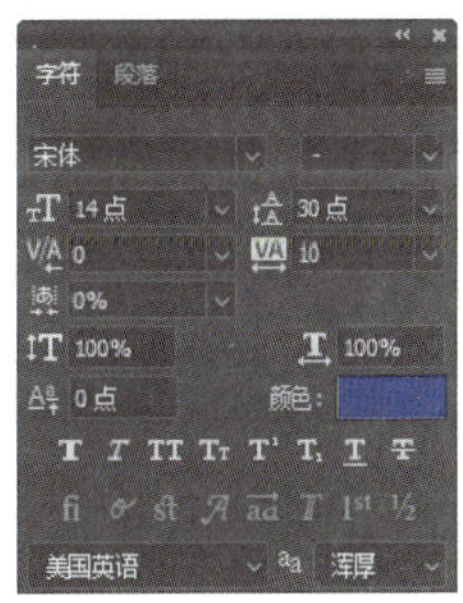

图5-56　“字符”面板

图5-57　添加文字

（12）使用同样的方法，绘制另外一个优惠券图形，如图5-58所示。

图5-58　绘制优惠券图形

（13）单击工具箱中的“自定形状工具”按钮，在“形状”面板中选择“星爆”形状，如图5-59所示，绘制图形，并添加“描边”效果，效果如图5-60所示。

图5-59　“形状”面板

图5-60　效果图

（14）单击工具箱中的“横排文字工具”按钮，在“星爆”形状内输入“收藏”，然后选中文字，在工具属性栏中设置字体、字号和颜色，如图5-61所示，设置后的效果如图5-62所示。

图5-61　工具属性栏

图5-62　设置后的效果

（15）执行“文件”→“打开”菜单命令，打开“源文件/项目五/文具.jpg”图片，结合“魔棒工具”，将其拖入“背景2”文件中，调整大小，最终效果如图5-63所示。

图5-63　最终效果

案例——制作客服区

（1）执行“文件”→“新建”菜单命令，打开“新建”对话框，设置宽度为1100像素，高度为300像素，如图5-64所示，单击“确定”按钮，退出对话框，新建“制作客服区”文件。

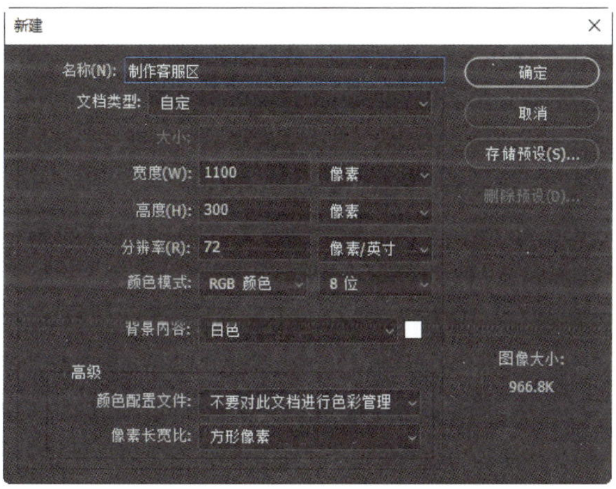

图5-64　“新建”对话框

（2）在工具箱中将前景色设置为R206、G233、B153，按下快捷键“Alt+Delete”，将背景填充颜色，效果如图5-65所示。

图5-65　填充前景色

（3）执行“文件”→“打开”菜单命令，打开“源文件/项目五/背景3.jpg”图片，将背景3直接拖入“制作客服区”文件，然后按“Ctrl+T”键调整大小，并将不透明度设置为60%，如图5-66所示。

图5-66　设置不透明度

（4）单击工具箱中的“横排文字工具”按钮，输入“嫩芽出高山，茶中有极品”，并在工具属性栏中设置字体为方正粗黑宋简体，设置字号为36点，设置颜色为#0f5601，效果如图5-67所示。

图5-67　输入文字

（5）使用相同的方法，继续输入“精挑细选”和“China is the homeland of tea”，然后打开“字符”面板，对文字参数的设置分别如图5-68和图5-69所示。

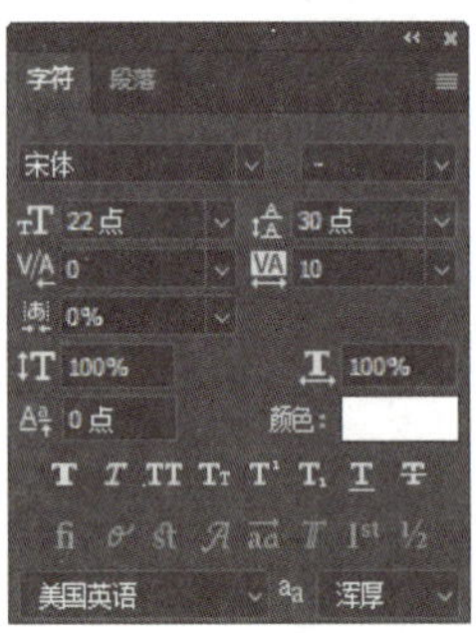

图5-68　“字符”面板1

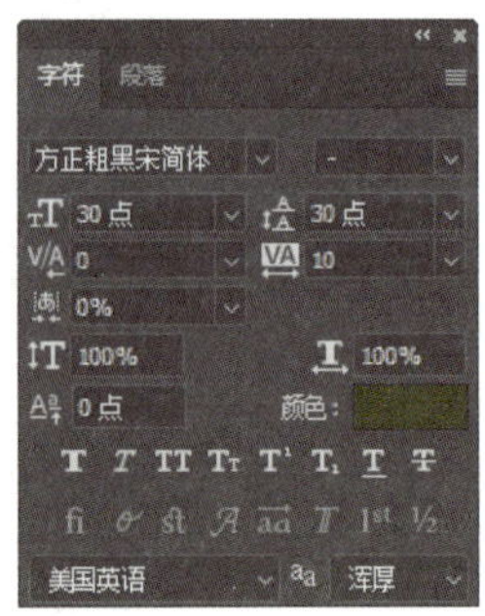

图5-69　“字符”面板2

（6）单击工具箱中的“矩形工具”按钮，设置填充颜色为#765600，在文字“精挑细选”上绘制一个矩形，并调整图层的顺序，效果如图5-70所示。

图5-70　绘制矩形后效果

（7）执行“文件”→“打开”菜单命令，打开“源文件/项目五/泡茶.jpg”图片，利用“魔棒工具”，将泡茶图片抠出来拖入“制作客服区”文件，并按“Ctrl+T”键调整大小，效果如图5-71所示。

图5-71　拖入图片

（8）使用相同的方法，打开“图标.jpg”图片，将其抠出来拖入“制作客服区”文件，调整大小，效果如图5-72所示。

图5-72　放置图标

（9）单击工具箱中的“横排文字工具”按钮，输入“找我聊聊!”和“Talk to me！”，选中文字后在工具属性栏中分别设置文字的字体、字号和颜色，参数设置如图5-73和图5-74所示。

图5-73　设置“找我聊聊!”

图5-74　设置“Talk to me!”

（10）单击工具箱中的“直线工具”按钮，绘制两条直线，如图5-75所示。

图5-75　绘制直线

（11）在“制作客服区”文件的右侧继续添加标志和文字，效果如图5-76所示。

（12）单击工具箱中的“矩形工具”按钮，设置填充颜色为#c19e10，绘制一个矩形，并使用横排文字工具在矩形上添加文字，效果如图5-77所示。

图5-76　添加标志和文字

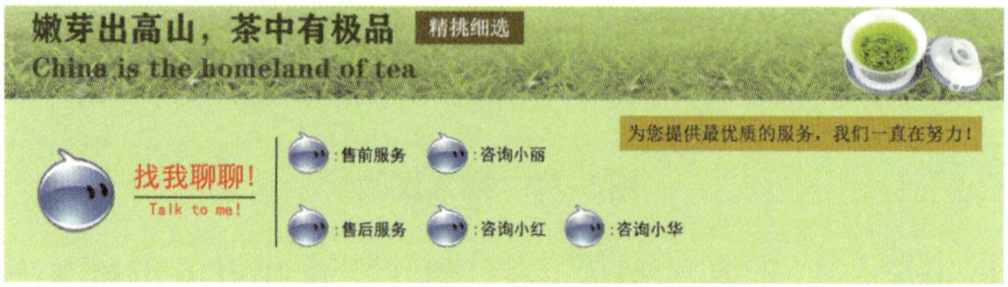

图5-77　绘制矩形和添加文字

（13）继续单击工具箱中的“横排文字工具”按钮T，添加剩余文字，最终效果如图5-78所示。

图5-78　最终效果

任务总结

通过本任务的学习，小红对网店首页的设计有了一定了解，了解了首页的作用和设计要点，掌握了轮播海报、欢迎模块、促销广告、收藏区和客服区的设计方法。

任务2　商品详情页的设计

任务引入

淘宝店铺中会有很多相同或类似的商品，如果想让消费者选择你家而非别家的商品，就需要在商品详情页对商品进行传达和渲染，所以商品详情页是决定成交与否的关键。那么，怎样设计商品详情页呢？

知识准备

当顾客进入单个商品详情页时，会有针对性地了解与这个商品相关的信息，这些信息包括商品的优惠活动、整体形象、局部细节、售后服务等，通过这些信息，顾客可以更加清晰和完整地了解商品的整体形象，并做出判断。除这些信息外，详情页还会包含侧边分类栏、宝贝搭配模块，它们的作用是对顾客的浏览行为进行指导和刺激，以激发顾客的购买欲。

一、商品详情页概述

商品详情页是指通过图文的方式对商品的详细信息进行介绍的页面。在网络购物中，消费者不能实际接触商品，只能通过商品详情页来了解商品，所以商品详情页的好坏在很大程度上能影响商品的销售量。

1. 设计要点

顾客在进入商品详情页，或者在网商平台中搜索某种系列的商品时，首先接触的就是商品的橱窗照，所以，橱窗照的设计与宣传对顾客购买的情绪有重要的影响。

网店装修中，橱窗照的设计相比网店首页的装修设计显得更加重要，它的设计既要突显商品的特色，又要迎合顾客的心理行为和需求，既要让顾客看了之后有美感和舒适感，还要让顾客对商品产生向往之情。

橱窗照的标准尺寸为500像素×500像素，从内容来看，设计可以分为两种类型，一种是特效合成类，主要通过为商品添加多种修饰素材，使其呈现绚丽的画面效果，多用于对单个商品的形象进行表现；另一种是综合类，它将商品的多种状态、型号或色彩表现在一个画面中，并且在画面中添加与商品特点相关的文字信息，辅助商品展现。

2. 商品详情页的作用

商品详情页是提高转化率的入口，可以激发顾客的消费欲望，提升顾客对店铺的信任感，打消顾客的消费疑虑，促使顾客下单。优化商品详情页可以提升转化率，但是起决定作用的还是商品本身。

3. 商品详情页的前期准备

商品详情页要与商品主图、商品标题契合，商品详情页必须真实地介绍商品的属性。根据调查结果分析及商品卖点的提炼和商品风格的定位，准备所需要的设计素材，以及确定商品详情页所用的文案和商品详情页的用色、字体、排版等。

二、商品详情页的制作

在做好前期准备后，美工人员可以着手制作商品详情页了。在设计时要先布局格局框架，设置风格定位、配色方案等，然后对准备的素材进行详细处理，最后制作详情页。

案例——制作围巾的商品描述

（1）执行“文件”→“新建”菜单命令，打开“新建”对话框，设置宽度为450像素，高度为300像素，如图5-79所示，单击“确定”按钮，退出对话框，新建“制作围巾的商品描述”文件。

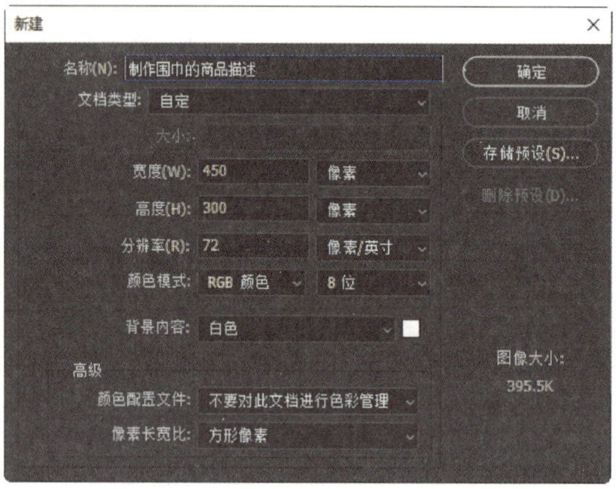

图5-79 “新建”对话框

（2）在工具箱中将前景色设置为R249、G243、B179，按下快捷键“Alt+Delete”，将背景填充颜色，效果如图5-80所示。

图5-80 填充前景色

（3）执行“文件”→“打开”菜单命令，打开“源文件/项目五/围巾.jpg”图片，将其拖入“制作围巾的商品描述”文件中，并调整大小。

（4）单击“图层”面板下方的“添加图层样式”按钮fx，在弹出的快捷菜单中选择“描边”选项，打开“图层样式”对话框，参数设置如图5-81所示，效果如图5-82所示。

（5）单击工具箱中的“横排文字工具”按钮T，在围巾的右下角输入文字，打开“字符”面板对文字进行设置，参数设置如图5-83所示，然后添加白色的描边效果，如图5-84所示。

（6）单击工具箱中的“椭圆工具”按钮，在工具属性栏中设置填充颜色为

#44cbfd，绘制一个椭圆，并添加描边效果，描边颜色为#3564fc，效果如图5-85所示。

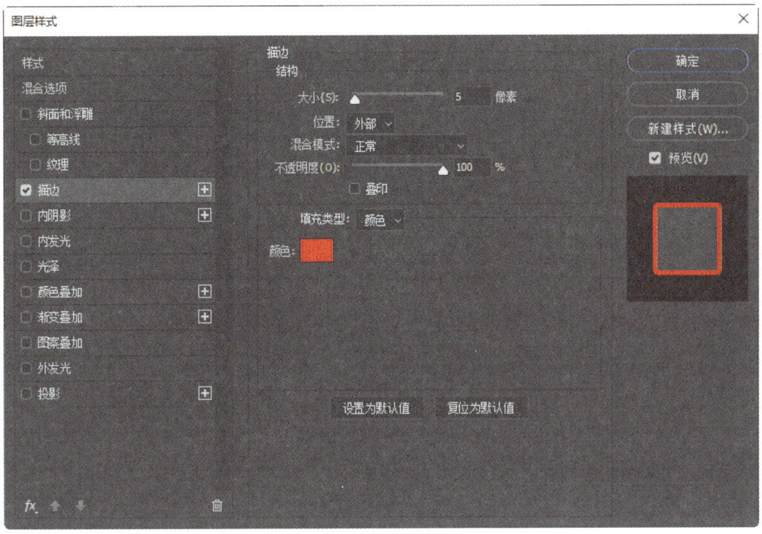

图5-81　“图层样式”对话框

图5-82　添加“描边”效果

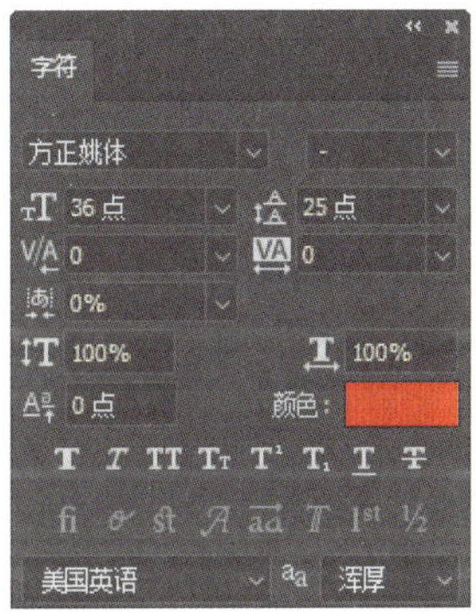

图5-83　“字符”面板

图5-84　输入文字并添加“描边”效果

图5-85　绘制椭圆并添加“描边”效果

（7）单击工具箱中的“横排文字工具”按钮T，并在工具属性栏中设置字体为黑体，设置字号为20点，设置颜色为黑色，然后在椭圆上输入“正品保证”，效果如图5-86所示。

（8）继续添加文字，并单击“直线工具”按钮，绘制两条直线，效果如图5-87所示。

图5-86　添加文字

图5-87　绘制直线

（9）单击工具箱中的“矩形工具”按钮，在直线下方绘制一个矩形，设置填充颜色为红色，效果如图5-88所示。

（10）单击工具箱中的“横排文字工具”按钮，在矩形上输入“会呼吸的创意围巾”，设置字体为黑体，设置字号为16点，设置颜色为白色，最终效果如图5-89所示。

图5-88　绘制矩形

图5-89　最终效果

案例——设计皮鞋的细节描述

（1）执行“文件”→“新建”菜单命令，打开“新建”对话框，设置宽度为700像素，高度为1000像素，如图5-90所示，单击“确定”按钮，退出对话框，新建“设计皮鞋的细节描述”文件。

（2）单击工具箱中的“矩形工具”按钮，绘制两个矩形，分别设置填充颜色为红色和蓝色，描边颜色为黑色，效果如图5-91所示。

（3）单击工具箱中的“横排文字工具”按钮，在工具属性栏中设置字体为方正粗黑宋简体，设置字号为28点，设置颜色为黑色，然后在左边的矩形中输入“产品信息”，效果如图5-92所示。

（4）选择“文字”图层和“矩形”图层，向下进行复制粘贴，并修改文字内容，效果如图5-93所示。

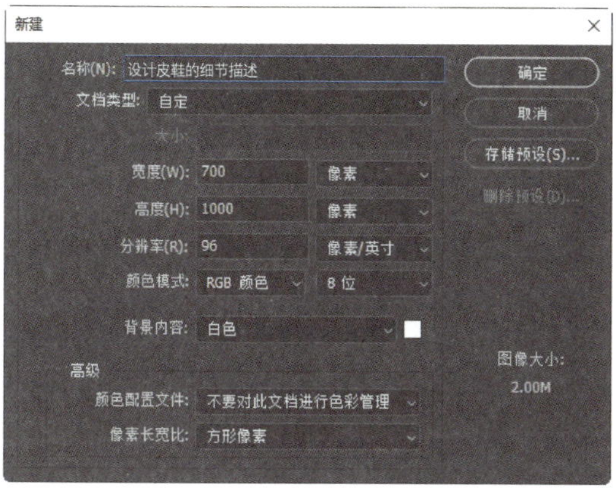

图5-90　“新建”对话框

图5-91　绘制矩形

图5-92　输入文字

（5）执行“文件”→“打开”菜单命令，打开“源文件/项目五/皮鞋1.jpg”图片，将其拖入“设计皮鞋的细节描述”文件中，并按“Ctrl+T”键，调整大小，效果如图5-94所示。

图5-93　复制矩形和文字

图5-94　拖入图片“皮鞋1”

（6）单击工具箱中的“横排文字工具”按钮T，在工具属性栏中设置字体为宋体，设置字号为18点，设置颜色为黑色，并在图片“皮鞋 1”的右侧输入文字，效果如图5-95所示。

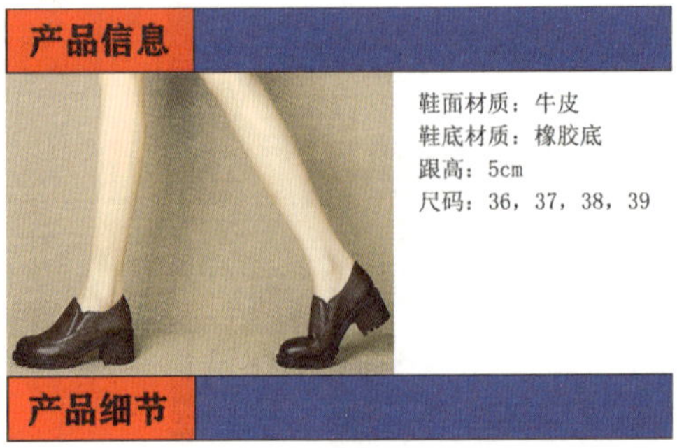

图5-95　添加文字

（7）单击工具箱中的“直线工具”按钮，在文字下方绘制一条红色的直线，如图5-96所示。

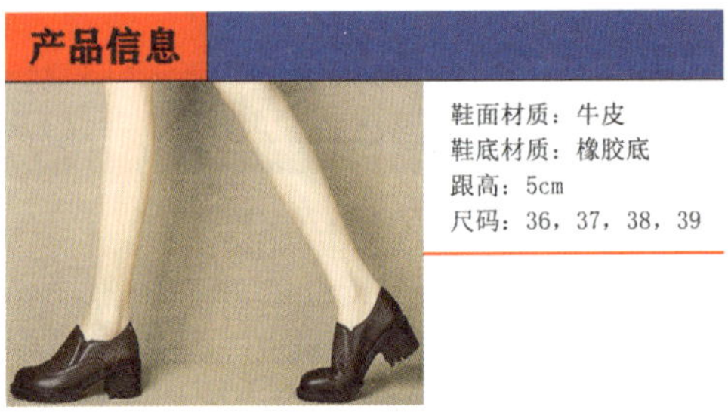

图5-96　绘制直线

（8）执行“文件”→“打开”菜单命令，打开“源文件/项目五/皮鞋.jpg”图片，单击“魔棒工具”按钮，然后单击皮鞋的空白处，执行“选择”→“反选”菜单命令，得到皮鞋的选区，将其拖入“设计皮鞋的细节描述”文件中，调整大小，效果如图5-97所示。

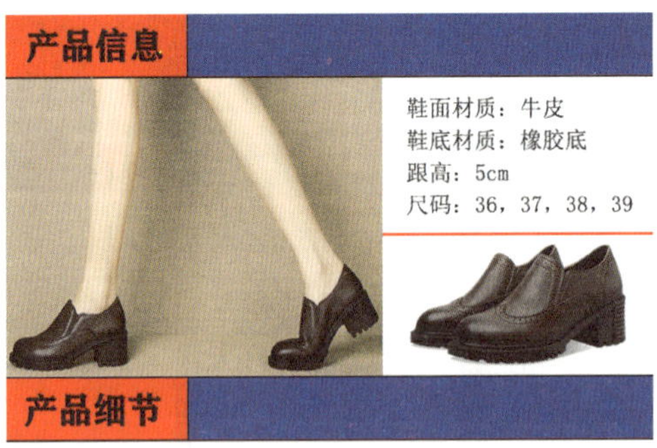

图5-97　拖入图片“皮鞋”

（9）单击工具箱中的“椭圆选框工具”按钮，在图片“皮鞋”中选择两个椭圆区域，分别拖入“设计皮鞋的细节描述”文件中。

（10）单击“图层”面板下方的“添加图层样式”按钮，在弹出的快捷菜单中选择“描边”选项，打开“图层样式”对话框，参数设置如图5-98所示，效果如图5-99所示。

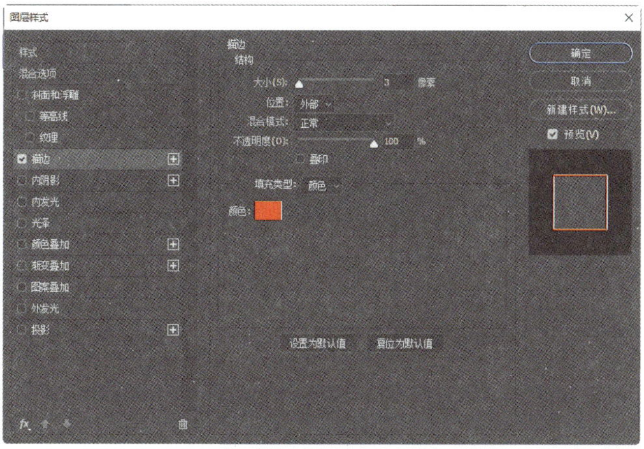

图 5-98　“图层样式”对话框

（11）单击工具箱中的“直线工具”按钮，绘制 3 条红色直线，如图 5-100 所示。

图 5-99　添加“描边”效果

图 5-100　绘制直线

（12）单击工具箱中的“横排文字工具”按钮，添加文字，如图 5-101 所示。

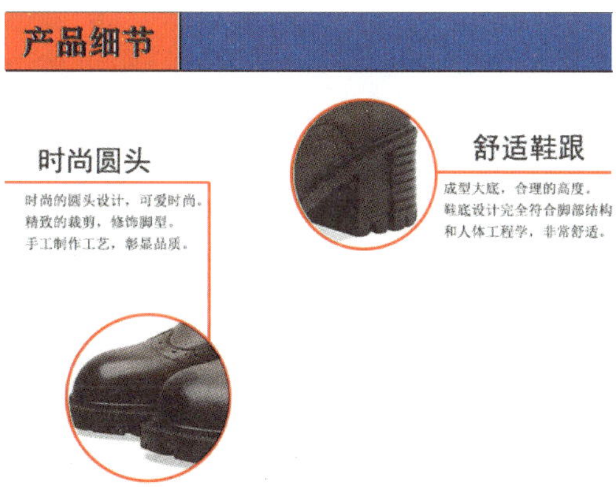

图 5-101　添加文字

（13）执行“文件”→“打开”菜单命令，打开“源文件/项目五/皮鞋2.jpg”和“皮鞋3.jpg”图片，单击“魔棒工具”按钮，选择皮鞋选区，然后分别拖入“设计皮鞋的细节描述”文件中，并按“Ctrl+T”键调整大小，最终效果如图5-102所示。

图5-102　最终效果

任务总结

通过本任务的学习，小红对商品详情页的设计有了一定的了解，了解了商品详情页的作用、设计要点和前期准备，掌握了商品详情页的设计方法。

项目总结

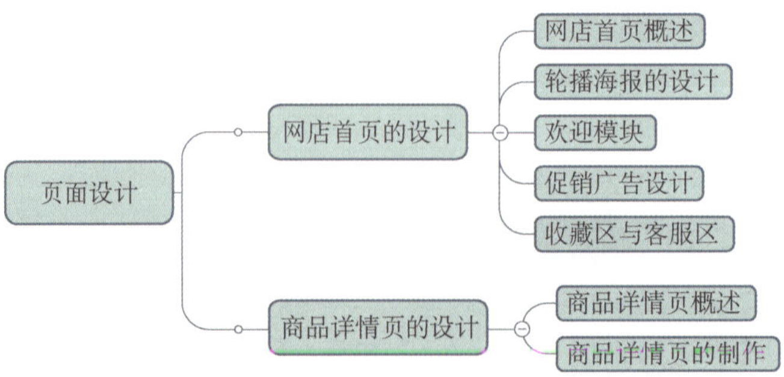

项目实战

实战 制作金饰的商品描述

（1）执行“文件”→“新建”菜单命令，打开“新建”对话框，设置宽度为850像素，高度为550像素，如图5-103所示，单击“确定”按钮，退出对话框，新建“制作金饰的商品描述”文件。

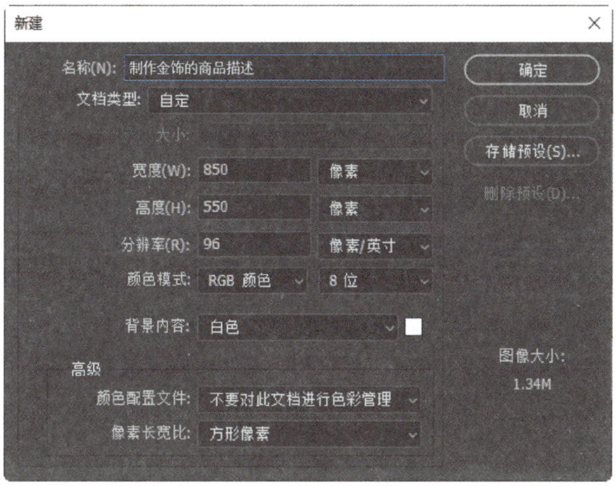

图5-103 “新建”对话框

（2）执行“文件”→“打开”菜单命令，打开3个吊坠图像，并分别拖入“制作金饰的商品描述”文件中，放到顶部并调整大小，如图5-104所示。

图5-104 放置3个吊坠图像

（3）单击“图层”面板下方的“添加图层样式”按钮fx，在弹出的快捷菜单中选择“描边”选项，打开“图层样式”对话框，参数设置如图5-105所示，对3个吊坠图像添加描边效果的图示如图5-106所示。

（4）单击工具箱中的“横排文字工具”按钮T，在工具属性栏中设置字体为方正粗黑宋简体，设置字号为40点，设置颜色为#720000，并在吊坠图像下方输入“饰品信息”。

（5）单击“图层”面板下方的“添加图层样式”按钮fx，在弹出的快捷菜单中选择“描边”选项，打开“图层样式”对话框，参数设置如图5-107所示，然后给文字添加描边效果，如图5-108所示。

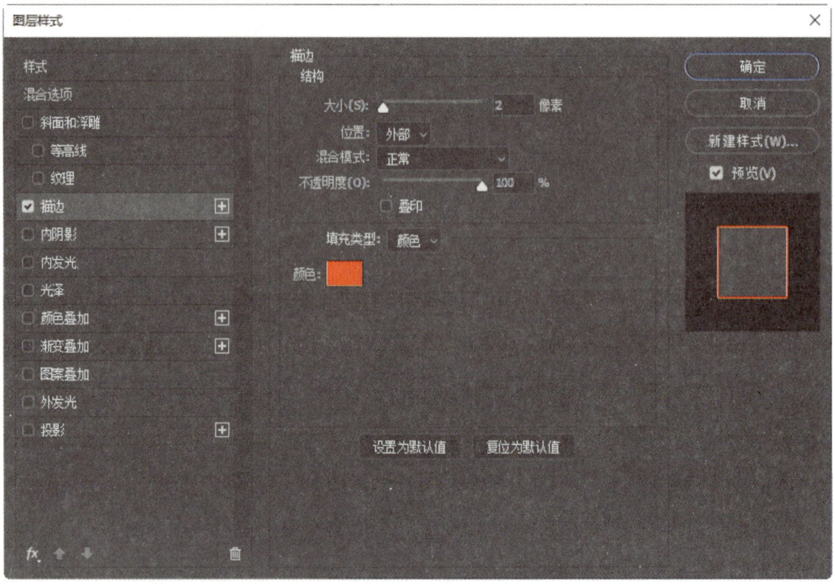

图5-105 “图层样式”对话框

图5-106 添加“描边”效果

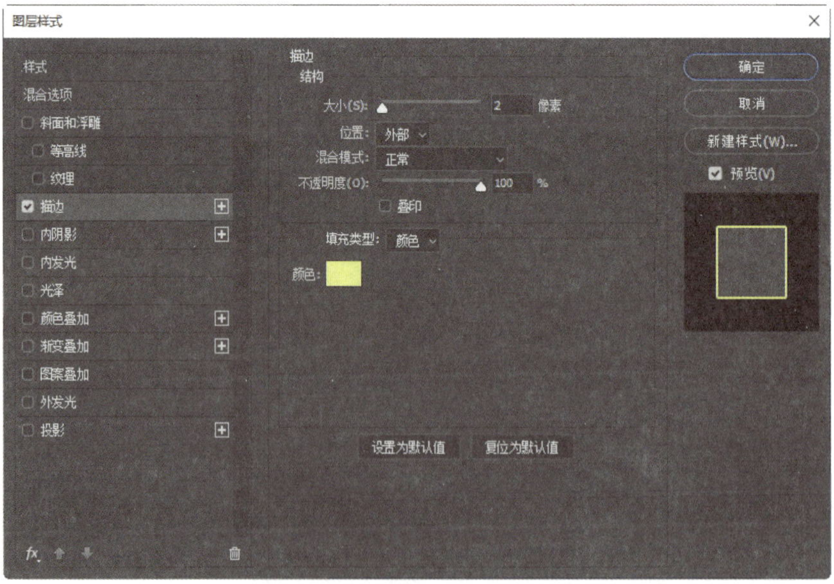

图5-107 “图层样式”对话框

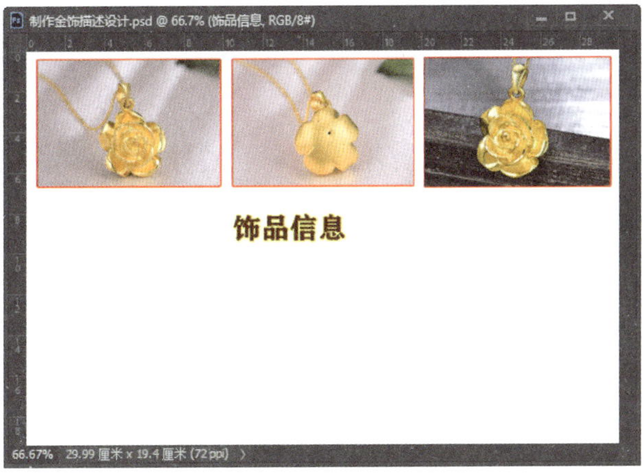

图 5-108 输入文字并添加“描边”效果

（6）执行“文件”→“打开”菜单命令，打开“配饰”图片，单击“椭圆选框工具”按钮，绘制椭圆选区，并将其拖入“制作金饰的商品描述”文件中，同时添加红色的描边效果，如图 5-109 所示。

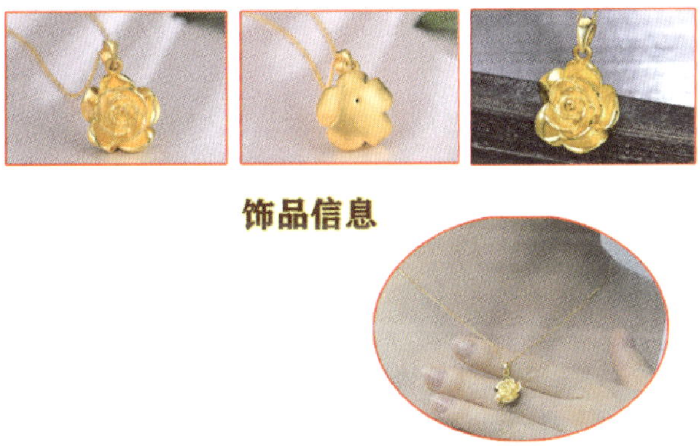

图 5-109 添加图片“配饰”及“描边”效果

（7）单击工具箱中的“横排文字工具”按钮，在图片“配饰”的左侧输入文字，打开“字符”面板，参数设置如图 5-110 所示，最终效果如图 5-111 所示。

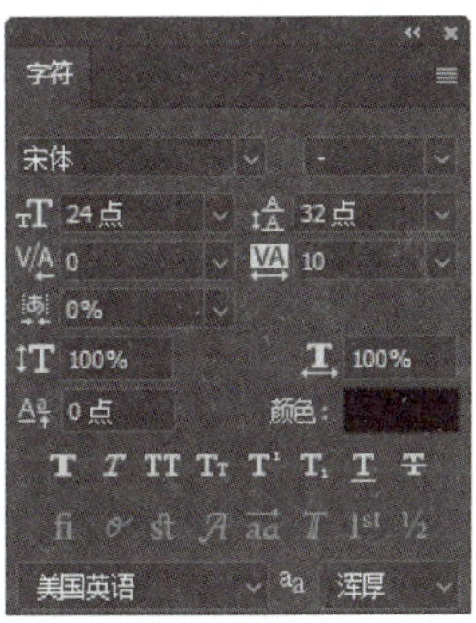

图 5-110 “字符”面板

图 5-111 最终效果

项目六

主图、钻展图片和直通车图片的设计与制作

素质目标

- 培养职业责任心，树立正确的价值观念，塑造良好人格。
- 明确自己的目标与优势，明确未来的职业方向和发展前景。

技能目标

- 掌握主图的设计与制作方法。
- 掌握钻展图片的设计与制作方法。
- 掌握直通车图片的设计与制作方法。

项目导读

本项目主要介绍主图、钻展图片和直通车图片的设计和制作过程，以优化店铺的设计。

任务1　主图的设计与制作

任务引入

小红新进了几条裙子，想要卖出高价，为了使消费者愿意进一步了解商品，需制作优质的主图来吸引消费者点击，进而达到销售的目的。那么，怎样设计主图呢？

知识准备

在网店装修中，主图是消费者对一件商品的第一印象，它们是吸引消费者进店浏览的关键。在不同的电商平台中，主图的尺寸存在一定的差别，在设计过程中要根据具体的电商平台对主图进行调节。

一、主图的设计要点

主图作为商品的招牌，对商品销售的影响是多方面的，图片的场景展示了商品的使用范围，可以提高消费者的认知度；图片的清晰度和图片的颜色会影响消费者的购买欲望；创意卖点可以吸引消费者的注意力；促销信息可以提高商品的点击率。下面将对这些设计要点分别进行介绍。

（1）图片的场景：在设计图片的场景时，不同背景、不同虚化程度的素材，都可能影响图片的视觉效果，进而影响点击率。

（2）图片的清晰度：作为商品的主图，清晰度是最重要的，如果主图中的商品不够清晰，那么会使主图的效果大打折扣。

（3）图片的颜色：主图的颜色常常是可以衬托商品的纯色背景，切忌用过于繁杂的背景，因为人的眼睛一次只能存储两三种颜色，以纯色做背景时不仅在颜色搭配上比较容易，也更能令人印象深刻。

（4）创意卖点：主图的卖点并不一定是促销内容，应该是吸引消费者的亮点，是商品的核心竞争力。

（5）促销信息：消费者比较喜欢促销的商品，所以在促销商品时，将促销信息放置在商品图片中可以提高点击率。需要注意的是，促销信息要尽量明确、统一字体，要做到简短、清晰，避免促销信息混乱、喧宾夺主等问题发生。

二、主图的制作

主图既需要包含一定的促销信息，也需要表现商品信息。下面通过几个案例来讲解主图的制作过程。

案例——制作女包主图

（1）执行“文件”→“新建”菜单命令，打开“新建”对话框，设置宽度为850像素，高度为800像素，如图6-1所示，单击“确定”按钮，退出对话框，新建“制作女包主图”文件。

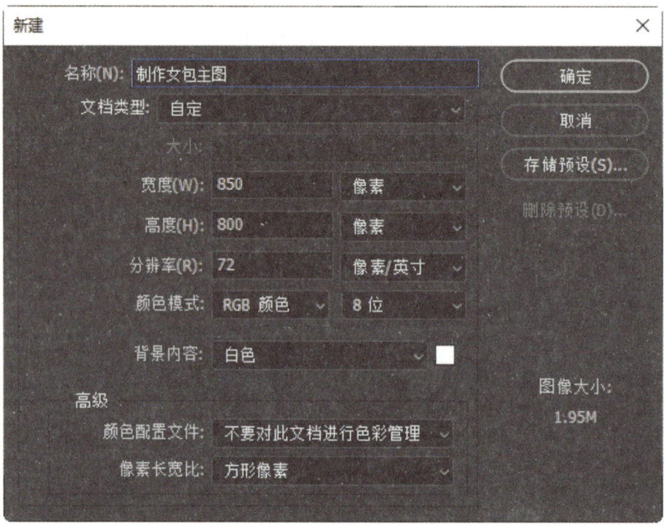

图6-1 “新建”对话框

（2）执行“文件”→“打开”菜单命令，打开“源文件/项目六/女包.jpg”图片，将其拖入“制作女包主图”文件中，并调整大小，效果如图6-2所示。

（3）单击工具箱中的“仿制图章工具”按钮，先从文件中取样，然后将样本应用到其他地方，效果如图6-3所示。

图6-2 拖入图片

图6-3 应用样本

（4）单击工具箱中的“矩形选框工具”按钮，框选选区，如图6-4所示，将其复制粘贴，然后按“Ctrl+T”键调整大小，效果如图6-5所示。

图6-4　框选选区

图6-5　复制选区

（5）选择3个图层，单击鼠标右键弹出快捷菜单，选择“合并图层”选项，如图6-6所示，将3个图层合并，如图6-7所示。

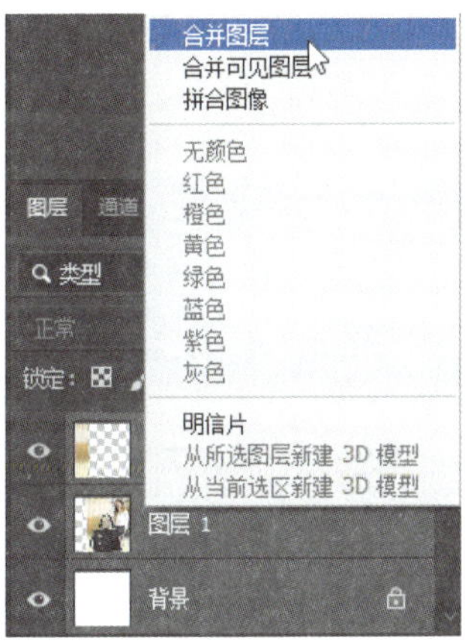

图6-6　选择“合并图层”选项

图6-7　合并图层

（6）单击工具箱中的“矩形工具”按钮，绘制一个矩形，设置填充颜色为无，描边颜色为#44cbfd，描边宽度为20像素，效果如图6-8所示。

（7）使用同样的方法，继续单击“矩形工具”按钮，在左上角绘制一个小矩形，设置填充颜色为#14b2ed，描边为无，然后打开“属性”面板，将小矩形右下角的半径设置为20像素，参数设置如图6-9所示，效果如图6-10所示。

（8）单击工具箱中的“横排文字工具”按钮，在工具属性栏中设置字体为方正姚体，设置字号为55点，设置颜色为白色，然后在小矩形中输入“暖春换新”，如图6-11所示。

图6-8　绘制矩形

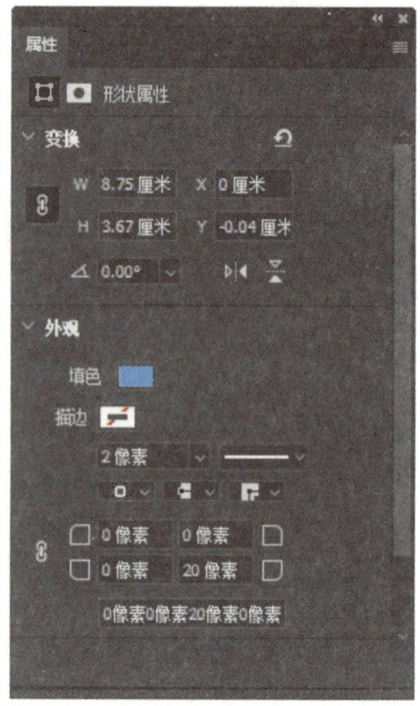

图6-9　“属性”面板

图6-10　绘制右下角为圆弧的小矩形

图6-11　输入文字

（9）继续单击工具箱中的“横排文字工具”按钮T，输入“高雅/时尚”和“优雅时尚 才有美感”，然后打开“字符”面板对输入文字的参数分别进行设置，如图6-12和图6-13所示。

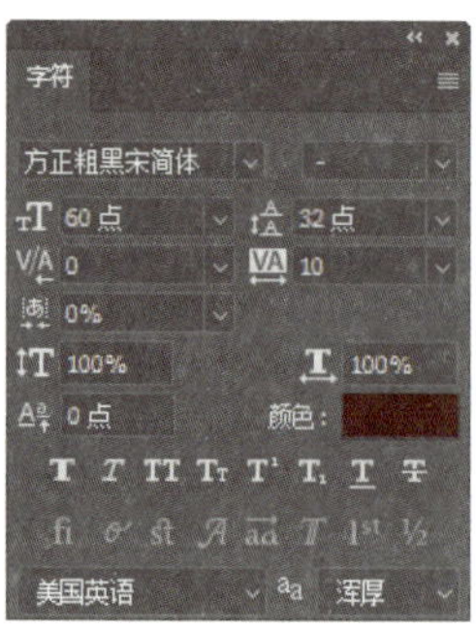

图6-12　“字符”面板1

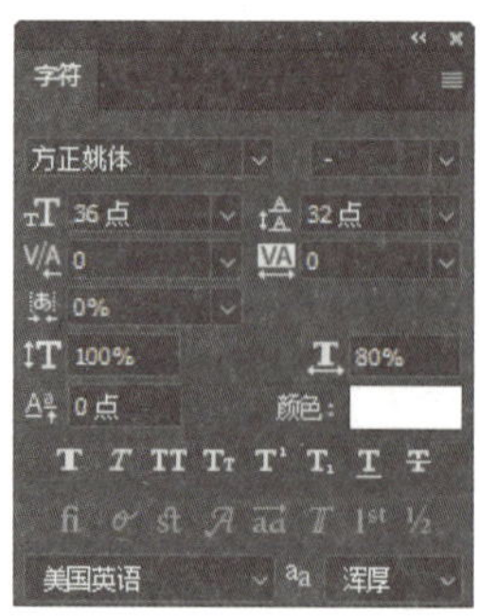

图6-13　“字符”面板2

（10）单击工具箱中的“矩形工具”按钮▢，在工具属性栏中设置填充颜色为#c4a80e，如图6-14所示，然后在文字“优雅时尚才有美感”上绘制一个矩形，效果如图6-15所示。

图6-14　工具属性栏

图6-15　在文字上绘制矩形

（11）单击工具箱中的“椭圆工具”按钮◯，按“Shift”键绘制一个正圆。

（12）单击“图层”面板下方的“添加图层样式”按钮fx，在弹出的快捷菜单中选择“渐变叠加”选项，打开“图层样式”对话框，参数设置如图6-16所示，效果如图6-17所示。

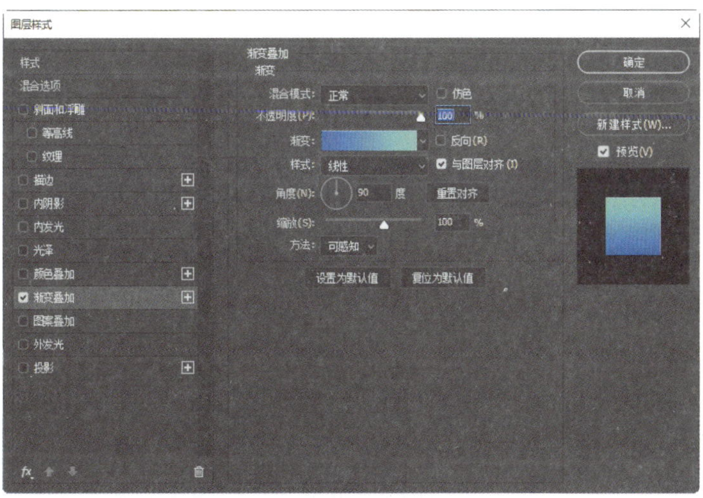

图6-16　“图层样式”对话框

（13）选中正圆，然后按“Ctrl+J”键进行复制粘贴，并将复制得到的正圆效果取消，打开“属性”面板，设置描边类型为虚线，如图6-18所示，效果如图6-19所示。

图6-17　渐变叠加效果

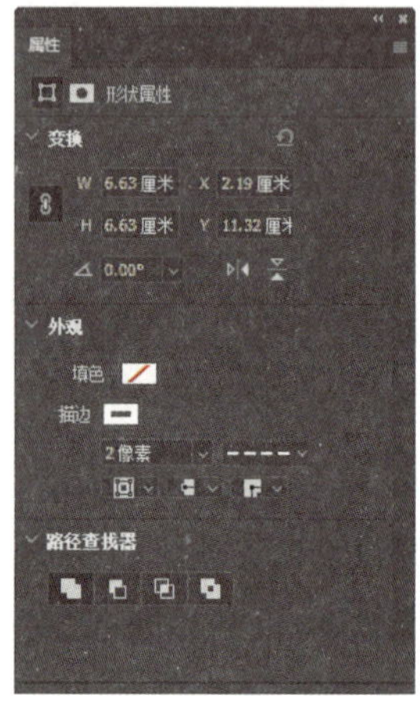

图6-18　“属性”面板

（14）单击工具箱中的“横排文字工具”按钮，在圆内添加文字，并单击“直线工具”，绘制一条水平线，最终效果如图6-20所示。

图6-19　绘制正圆，描边为虚线

图6-20　最终效果

案例——制作指甲油主图

（1）执行“文件”→“新建”菜单命令，打开“新建”对话框，设置宽度为750像素，高度为550像素，如图6-21所示，然后单击“确定”按钮，退出对话框，新建“制作指甲油主图”文件。

（2）执行“文件”→“打开”菜单命令，打开“源文件/项目六/背景.jpg”图片，将其拖入“制作指甲油主图”文件中，并调整位置，如图6-22所示。

（3）单击“图层”面板下方的“添加矢量蒙版”按钮，给图层添加蒙版，设置如图 6-23所示。

（4）单击工具箱中的“渐变工具”按钮，给蒙版添加渐变，图层变化如图6-24所示，添加渐变后的效果如图6-25所示。

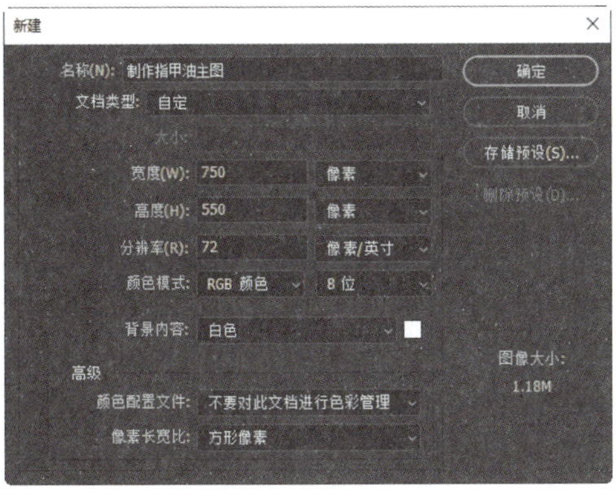

图6-21　“新建”对话框

图6-22　放置背景

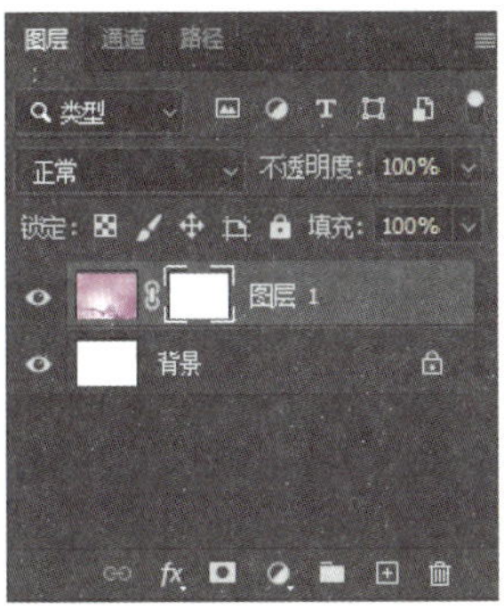

图6-23　给图层添加蒙版

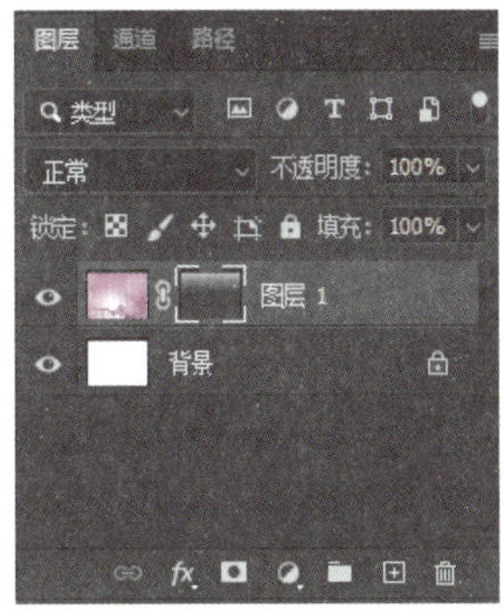

图6-24　图层变化

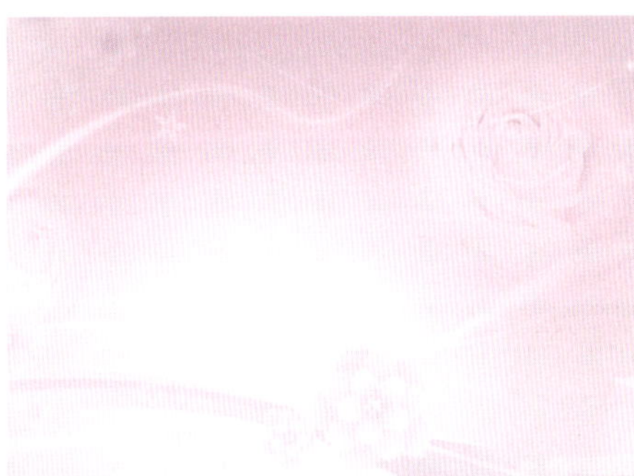

图6-25　添加渐变后的效果

（5）单击工具箱中的“横排文字工具”按钮T，在工具属性栏中设置字体为黑体，设置字号为105点，设置颜色为红色，然后在背景图片的左上角输入“NEW”。

（6）单击“图层”面板下方的“添加图层样式”按钮fx，在弹出的快捷菜单中选择“描边”选项，打开“图层样式”对话框，参数设置如图6-26所示，效果如图6-27所示。

（7）继续单击“横排文字工具”按钮T，在“NEW”的右侧输入“全新多彩”和“PRODUCT”，如图6-28所示。

（8）执行“窗口”→“画笔设置”菜单命令，打开“画笔设置”面板，选择“画笔笔尖”为50像素，如图6-29所示。

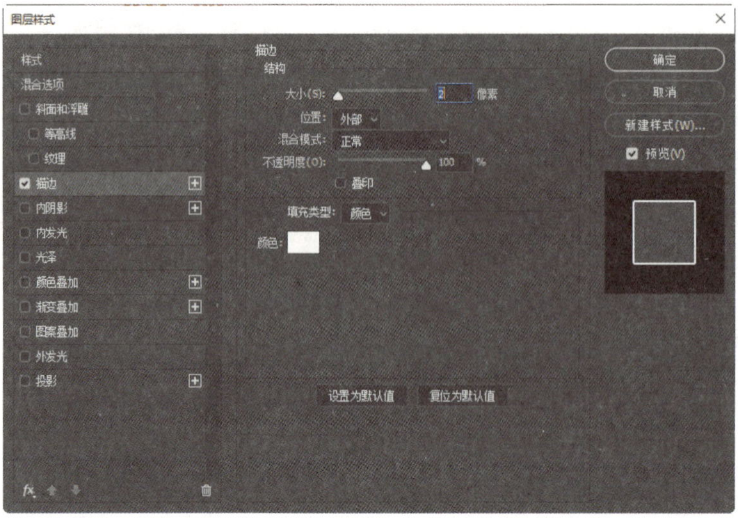

图6-26　“图层样式”对话框

图6-27　描边效果

图6-28　添加文字

（9）选择如图 6-30 所示的“PRODUCT”图层，单击鼠标右键，在弹出的快捷菜单中选择“栅格化文字”选项将文字栅格化。

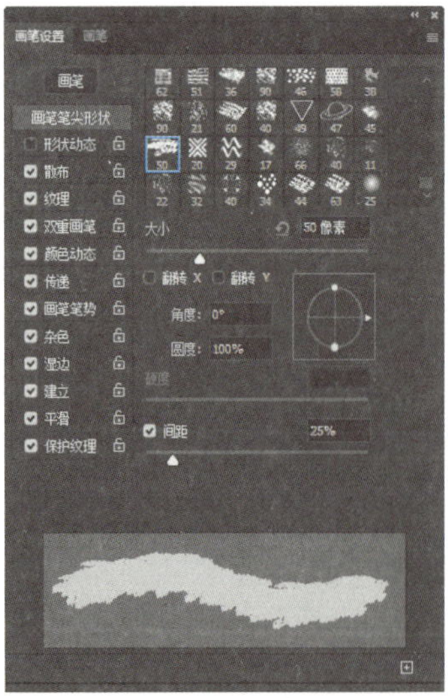

图6-29　“画笔设置”面板

图6-30　选择“PRODUCT”图层

（10）单击工具箱中的“画笔工具”按钮，在“PRODUCT”文字处绘制画笔，如图6-31所示。

（11）单击工具箱中的“椭圆工具”按钮，按“Shift”键绘制一个小圆，填充颜色为红色。

（12）单击工具箱中的“横排文字工具”按钮，在工具属性栏中设置字体为黑体，设置字号为35点，设置颜色为红色，然后在小圆的右边输入“牢固耐磨”。

（13）选中小圆和文字图层，按“Ctrl+C”键进行复制，再按“Ctrl+V”键进行粘贴，并修改文字内容，效果如图6-32所示。

图6-31　绘制画笔

图6-32　输入文字

（14）单击工具箱中的“多边形工具”按钮，在背景图片的右上角绘制一个多边形，然后打开“属性”面板，参数设置如图6-33所示，添加多边形后的效果如图6-34所示。

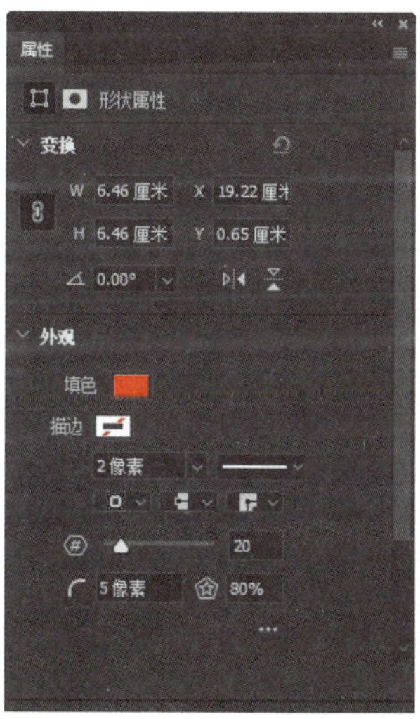

图6-33　“属性”面板

图6-34　添加多边形后的效果

（15）单击工具箱中的“横排文字工具”按钮，在工具属性栏中设置字体为方正粗黑宋简体，设置字号为70点，设置颜色为白色，然后在多边形上输入“包邮”，效果如图6-35所示。

（16）执行“文件”→“打开”菜单命令，打开“源文件/项目六/指甲油.jpg”图片，将其拖入“制作指甲油主图”文件中，单击“魔棒工具”按钮，将空白区域删除，并调整图片的大小，最终效果如图6-36所示。

图6-35　在多边形上输入文字

图6-36　最终效果

任务总结

通过本任务的学习，小红对主图的设计与制作有了一定的了解，掌握了主图的设计要点和制作方法。

任务2　钻展图片的设计与制作

任务引入

小红在进行创意装修时，出现了一些困惑，如找不到消费者的痛点、无法掌握商品的售卖情况等。通过翻阅书籍小红了解到钻展是淘宝商家常用的推广方式，即将商品图片在智钻广告位进行展示。那么，怎样设计钻展图片呢？

知识准备

看似简单的钻展图片，制作起来却十分有难度。图片是否吸引人、图片规格是否符合平台规定等，都需要设计者去了解。好的钻展图片绝对可以为店铺带来流量，因为在淘宝首页、淘宝频道、淘宝站外均设有钻展位，尺寸有50多种，如图6-37所示为淘宝首页的钻展图片。

一、钻展图片的设计原则

一个钻展位的投放，前期要经过大量的数据分析及投入产出比预算，因此，在进行钻展广告投放时，商家对钻展图片的要求十分严格。钻展图片就是店铺的迎宾图，将其做好了就会带来巨大的流量。钻展位的投放需要经过以下5个步骤。

图6-37　淘宝首页的钻展图片

（1）选择钻展位：钻展位的选择是决定推广成功的关键，一个好的钻展位可以提高店铺的流量和销售量。

（2）根据钻展位的尺寸制作钻展图片：常见的钻展位的尺寸包括520像素×280像素、170像素×200像素、640像素×200像素和200像素×200像素等。

（3）创意审核通过后，制订投放计划：投放计划可根据投放时间、地域和投放方式来制订，其中，时间、地域可根据店铺的成交高峰期和地域分布来选择。投放方式一般分为尽快投放和均匀投放。尽快投放指的是合适流量预算集中投放，均匀投放指的是全天预算平滑投放，一般建议选择均匀投放。

（4）根据钻展位的位置进行充值：在充值前需要确定投放的区域，即对各个板块进行定向，完成后参考各个定向上每个资源位的建议出价，从而确定钻展位的投放。在投放过程中还需按照获取流量的多少进行调整，不要一次性全部投放。

（5）进行智钻的投放：完成所有准备后即可进行智钻的投放。

说明：由于淘宝首页不允许出现Flash广告，因此只能用JPG格式或GIF格式的图片。

二、钻展图片的制作

因为钻展图片的作用是吸引消费者点击，所以需要用新颖的方式来体现商品卖点。下面通过几个案例来讲解钻展图片的制作过程。

案例——制作520像素×280像素的钻展图片

（1）执行“文件”→“新建”菜单命令，打开“新建”对话框，设置宽度为520像素，高度为280像素，如图6-38所示，然后单击“确定”按钮，退出对话框，新建“制作520像素×280像素的钻展图片”文件。

（2）选中背景层，将前景色设置为#ffb8e2，然后按“Alt+Delete”键填充背景，效果如

图6-39所示。

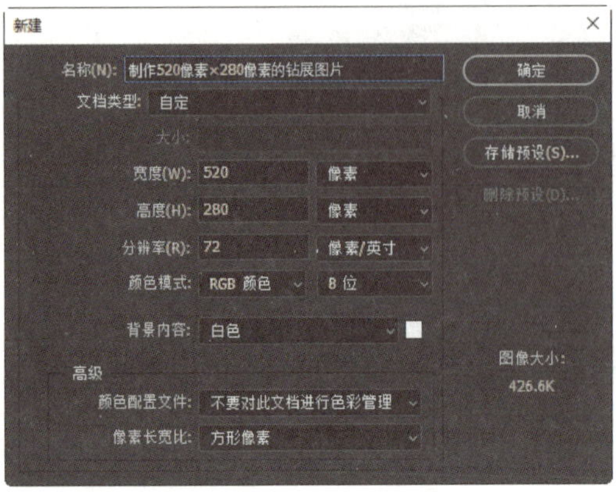

图6-38 “新建”对话框

图6-39 填充前景色

（3）单击工具箱中的“矩形工具”按钮，在工具属性栏中设置填充颜色为#fe74c5，设置描边颜色为白色，然后绘制两个矩形，并将两个矩形错开叠加，效果如图6-40所示。

（4）单击工具箱中的“椭圆工具”按钮和“三角形工具”按钮，分别绘制椭圆和三角形来装饰背景，效果如图6-41所示。

图6-40 绘制两个矩形

图6-41 装饰背景

（5）单击工具箱中的“钢笔工具”按钮，在背景底部绘制两个不规则的图形，如图6-42所示。

（6）执行“文件”→“打开”菜单命令，打开“源文件/项目六/草莓.jpg”图片，单击工具箱中的“魔棒工具”按钮，在空白处单击形成选区，然后执行“选择”→“反选”菜单命令，得到草莓的选区，如图6-43所示。

图6-42 绘制不规则图形

图6-43 选择选区

（7）执行操作后，将草莓选区拖入“制作520像素×280像素的钻展图片”文件中，然后按“Ctrl+T”键调整大小，效果如图6-44所示。

图6-44　拖入草莓选区后效果

（8）单击工具箱中的“横排文字工具”按钮T，在工具属性栏中设置字体为方正粗黑宋简体，设置字号为36点，设置颜色为红色，然后在草莓的左上方输入“奶油草莓”。

（9）单击“图层”面板下方的“添加图层样式”按钮fx，在弹出的快捷菜单中选择“描边”选项，打开“图层样式”对话框，参数设置如图6-45所示，效果如图6-46所示。

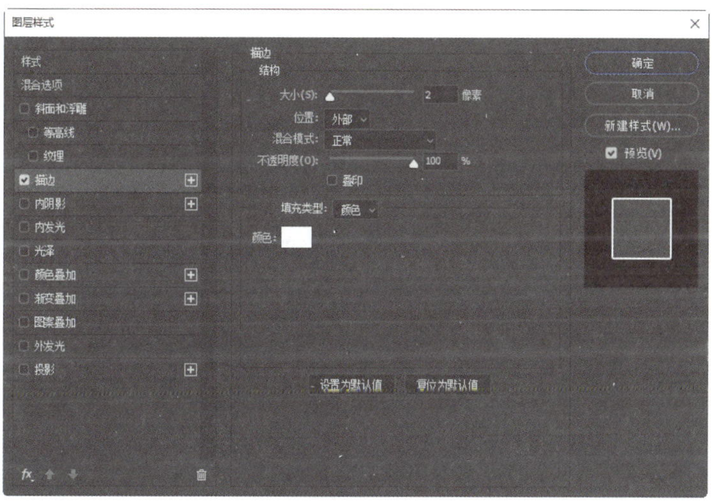

图6-45　“图层样式”对话框

图6-46　添加“描边”效果

（10）继续单击“横排文字工具”按钮T，在文字“奶油草莓”下方输入文字，并单击“矩形工具”按钮，绘制一个矩形，最终效果如图6-47所示。

图6-47 最终效果

案例——制作230像素×310像素的钻展图片

（1）执行“文件”→“新建”菜单命令，打开“新建”对话框，设置宽度为230像素，高度为310像素，如图6-48所示，然后单击“确定”按钮，退出对话框，新建“制作230像素×310像素的钻展图片”文件。

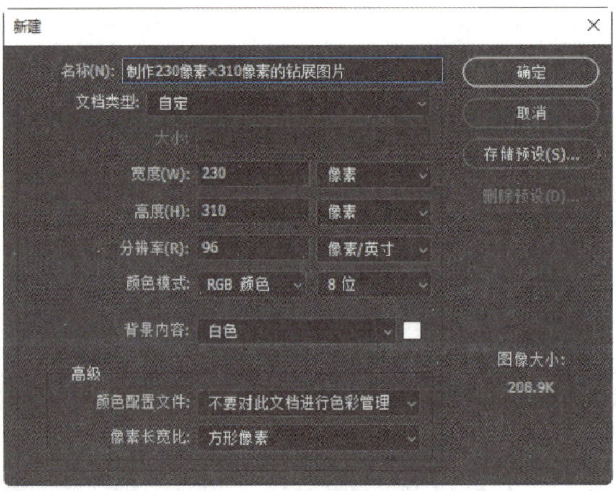

图6-48 “新建”对话框

（2）单击工具箱中的“钢笔工具”按钮，在工具属性栏中设置填充颜色为#fe74c5，如图6-49所示，然后绘制一个如图6-50所示的不规则图形。

图6-49 工具属性栏

（3）继续单击工具箱中的“钢笔工具”按钮，在不规则图形的右侧绘制两个条形，并将填充颜色设置为#ffdf7e和#7fcafe，如图6-51所示。

（4）执行“文件”→“打开”菜单命令，打开“源文件/项目六/草莓.jpg”图片，单击工具箱中的“魔棒工具”按钮，在空白处单击形成选区，然后执行“选择”→“反选”菜单命令，得到草莓的选区，并将其拖入“制作230像素×310像素的钻展图片”文件中，按“Ctrl+T”键调整大小，效果如图6-52所示。

图6-50　绘制不规则图形

图6-51　绘制条形

（5）单击工具箱中的“横排文字工具”按钮T，在工具属性栏中设置字体为方正粗黑宋简体，设置字号为9点，设置颜色为红色，然后在草莓的上方输入“奶油草莓”，效果如图6-53所示。

图6-52　放置草莓

图6-53　输入文字后效果

（6）单击“图层”面板下方的“添加图层样式”按钮fx，在弹出的快捷菜单中选择“描边”选项，打开“图层样式”对话框，参数设置如图6-54所示。

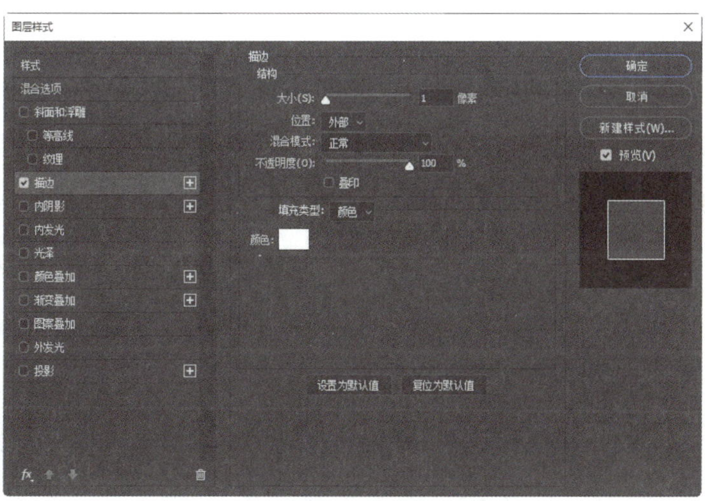

图6-54　设置“描边”参数

（7）使用同样的方法，设置“渐变叠加”参数，如图6-55所示，添加“渐变叠加”后的效果如图6-56所示。

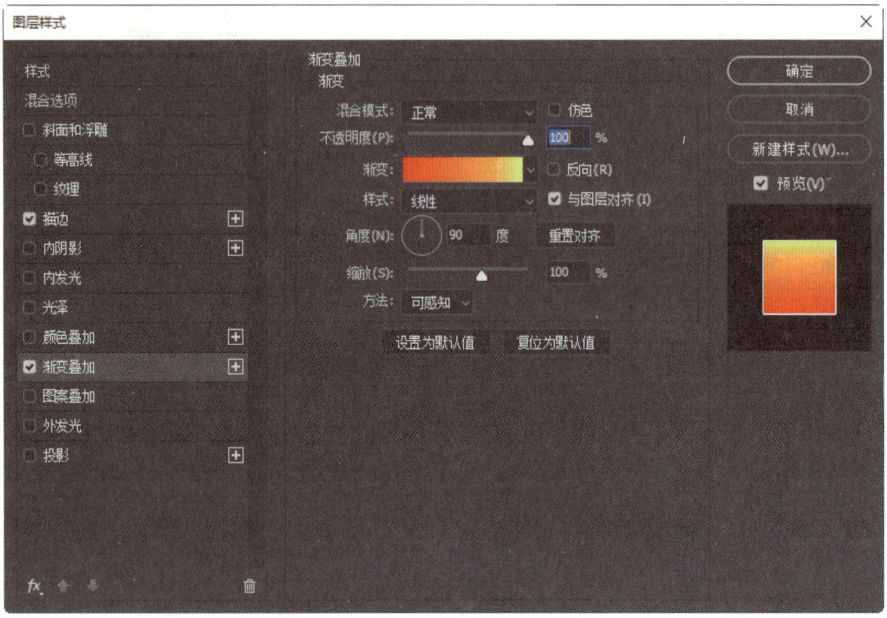

图6-55　设置“渐变叠加”参数

（8）单击工具箱中的“矩形工具”按钮，绘制一个矩形，设置填充颜色为无，描边颜色为#0096ff，描边宽度为3像素，效果如图6-57所示。

图6-56　添加“渐变叠加”后的效果

图6-57　绘制矩形

（9）选择矩形图层，单击鼠标右键，在弹出的快捷菜单中选择“栅格化图层”选项，如图6-58所示，将矩形栅格化。

（10）单击工具箱中的“矩形选框工具”按钮，框选部分矩形区域，如图6-59所示，然后按“Delete”键将其删除，删除选区后效果如图6-60所示。

（11）使用同样的方法，绘制另外一侧的矩形，并进行栅格化处理，如图6-61所示。

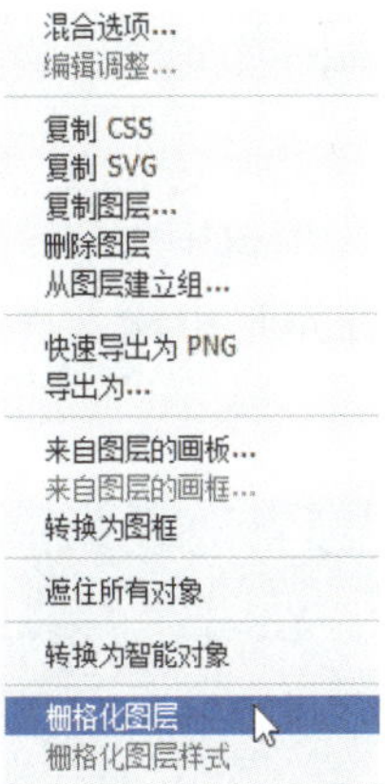

图6-58 选择“栅格化图层”选项

图6-59 框选部分矩形区域

图6-60 删除选区后效果

图6-61 绘制右侧的矩形

（12）单击工具箱中的“自定形状工具”按钮，选择“形状”面板中的“叶子2”，如图6-62所示，然后在文字“奶油草莓”的右上角绘制一个叶子，如图6-63所示。

图6-62 “形状”面板

图6-63 绘制叶子

（13）单击工具箱中的“矩形工具”按钮，在文字下方绘制一个矩形，设置填充颜色为无，描边颜色为#0096ff，描边为无，如图6-64所示。

（14）单击工具箱中的“横排文字工具”按钮T，在“属性”面板中设置字体为黑体，设置字号为4点，设置颜色为白色，如图6-65所示，然后在矩形中输入“果汁迸溅，齿颊尽留香甜”，如图6-66所示。

图6-64　在文字下方绘制矩形

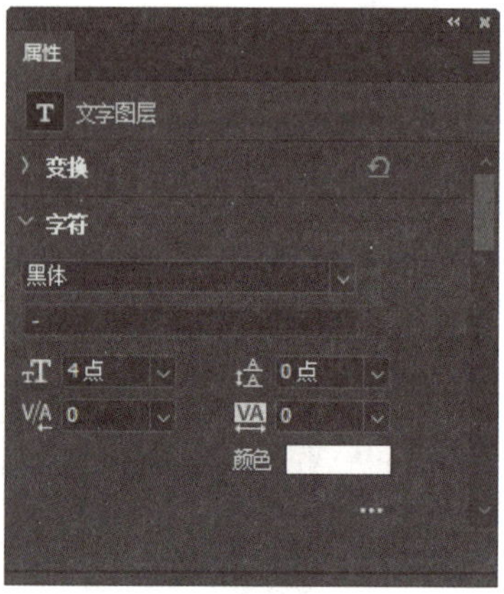

图6-65　“属性”面板

（15）单击工具箱中的“椭圆工具”按钮，在工具属性栏中设置填充颜色为#ffb7e2，描边颜色为#ac00a6，然后在草莓的右上方绘制一个圆，如图6-67所示。

（16）单击工具箱中的“横排文字工具”按钮T，设置字体为方正姚体，设置颜色为白色，在圆中输入“¥23”，最终效果如图6-68所示。

图6-66　输入文字

图6-67　绘制圆

图6-68　最终效果

任务总结

通过本任务的学习，小红对钻展图片的设计有了一定的了解，掌握了钻展图片的设计原则及制作方法。

任务3　直通车图片的设计与制作

任务引入

直通车是为淘宝商家量身定制的，按点击付费的效果进行营销的工具，用于实现商品的精准推广。那么，怎样通过直通车的广告画面去吸引消费者呢？怎样设计直通车图片呢？

知识准备

直通车也是淘宝平台的常见推广方式之一，可以使商家实现商品的精准推广。

对于网店美工而言，制作直通车图片是一件非常重要的事，因为在消费者还没有进入店铺或详情页之前，看到的只有直通车图片，所以直通车图片在网店的运营和推广中具有非常重要的作用。

一、直通车图片的设计原则

直通车要吸引消费者点击，除要做好文字的精细排版外，直通车图片的制作也是很重要的。千万别小看这小小的直通车图片，在有效地为店铺带来流量甚至提高转化率方面，它都起着不小的作用。

直通车图片的设计，可以直接影响店铺商品的销量，在设计图片时，要从吸引消费者、传达主体信息及设计要领等方面进行细致的制作。

1. 吸引消费者

在定位之后，制作直通车图片首先要考虑商品的卖点，将卖点放置到直通车图片中，并将其放大，可以更加直接地辅助商品吸引流量。

1）吸引消费者的价格

同样的商品、同样的宣传口号、同样的服务，两家店铺如果在同一个平台进行较量，那么，可以快速打动买家的就只剩下价格了，哪怕只是差一分钱或在原有价格上有轻微折扣，在视觉和买家心理上也会起主导作用。

2）吸引消费者的商品重点

在网上卖东西，图片非常重要，商品再好，如果拍出的图片不能吸引人，那么销售情况也不会很乐观。如果我们能够通过后期的图片加工突出商品的重点，就会改变商品的销售情况，所以通过添加文字或修饰来凸显商品是重点。

3）吸引消费者的色彩

如果一个商品的颜色与背景色相同或相近，就很容易使商品的辨识度降低，同时也很难使消费者的注意力集中在商品上，因此完美的色彩搭配可以凸显出商品的特色。

2. 传达主体信息

明确卖点之后，就要对直通车图片进行后期设计了，在设计中应该考虑以下 3 点。

1）单独展示商品

由于直通车图片中没有文案，只有商品本身，因此在拍摄图片时要注意背景及色彩的搭配，在后期对图片进行色彩或凸显主体的加工时，可以使用Photoshop软件。

2）商品+文案

商品图片编辑完成后，可以使用合适的软件在图片上加入相应的文案，这样看起来会舒服一些。

3）商品与文案创意结合

本部分可以是大量图片素材合成的图像，也可以是文字结合图形与图像合成一体。

3. 设计要领

在对直通车图片进行设计时，一定要了解图片设计的一些要领，这样才能使自己的商品在成千上万的商品中脱颖而出。

1）明确卖点

在设计直通车图片时，首先要考虑该图片应该让买家第一时间知道什么，无论是商品价格、商品功能还是商品本身，在设计时都要将重点凸显出来，一定不能将主要部分与次要部分平分秋色，让买家分不清主次。在制作直通车图片时通常不会只做一张，因此可以在不同的直通车图片中展示不同的卖点。

2）文案辅助

在缩小商品图片的时候，商品会变模糊，因此在缩小商品图片后应适当锐化一次，最多不要超过两次，这样商品看上去才会更有质感。缩小之后的图片切勿放大，如果觉得商品图片缩得太小了，就用拍摄的高精度原图重新缩放。主图部分调整清晰后，辅助文本也需要整齐、统一，缺一不可。

3）差异化设计

店铺中的差异化设计说白了就是使商品图片与众不同，以区别于其他店铺中使用的商品图片，例如，为护肤品做直通车图片，当别人只展示商品本身的时候，我们可以在图片中展示商品使用前后对比的效果，或者对商品图片进行创意设计。

二、直通车图片的制作

制作直通车图片时要求，直通车图片的尺寸为800像素×800像素，文字最好与图片相呼应并突出重点。下面通过几个案例来讲解直通车图片的制作方法。

案例——制作保温杯推广直通车

（1）执行“文件”→“新建”菜单命令，打开“新建”对话框，设置宽度为800像素，高度为800像素，如图6-69所示，然后单击“确定”按钮，退出对话框，新建“制作保温杯推广直通车”文件。

（2）新建图层，设置颜色为#fe74c5，按“Atl+Delete”键填充图层，如图6-70所示。

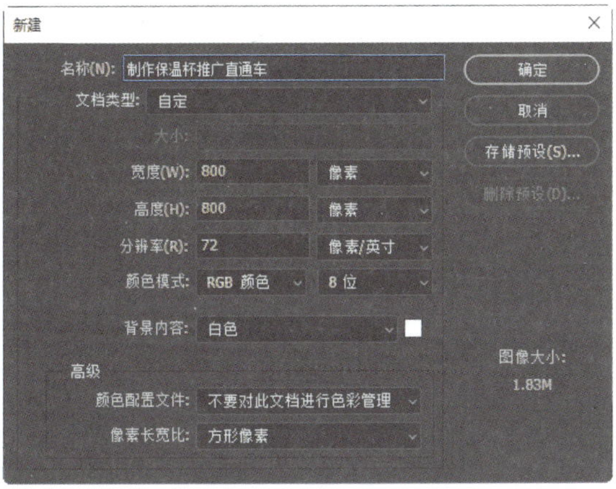

图6-69　“新建”对话框

图6-70　填充图层

（3）单击“图层”面板下方的“添加图层样式”按钮，在弹出的快捷菜单中选择“渐变叠加”选项，打开“图层样式”对话框，参数设置如图6-71所示，添加后的效果如图6-72所示。

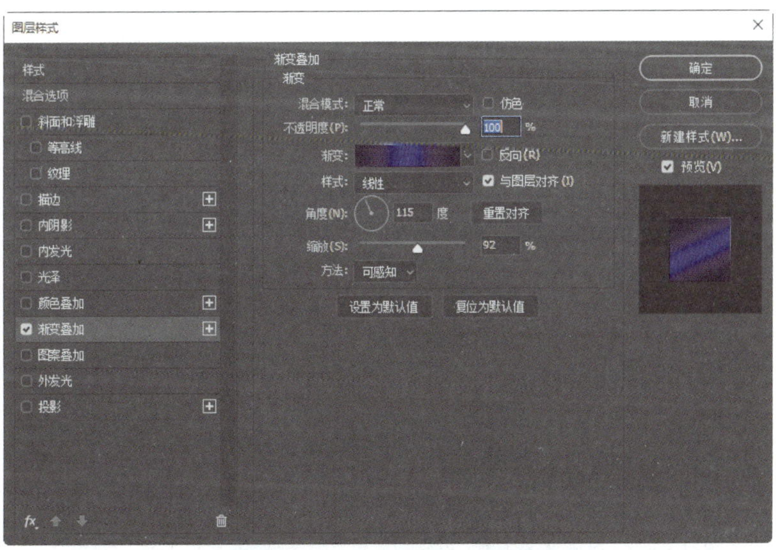

图6-71　“图层样式”对话框

（4）单击工具箱中的“钢笔工具”按钮，在工具属性栏中设置填充颜色为#250e7e，然后绘制一个不规则图形，如图6-73所示。

图6-72　添加“渐变叠加”

图6-73　绘制不规则图形

（5）单击“图层”面板下方的“添加图层样式”按钮，添加“内阴影”和“投影”图层样式，“内阴影”和“投影”图层样式的参数设置分别如图6-74和图6-75所示，对不规则图形添加“内阴影”和“投影”图层样式的效果如图6-76所示。

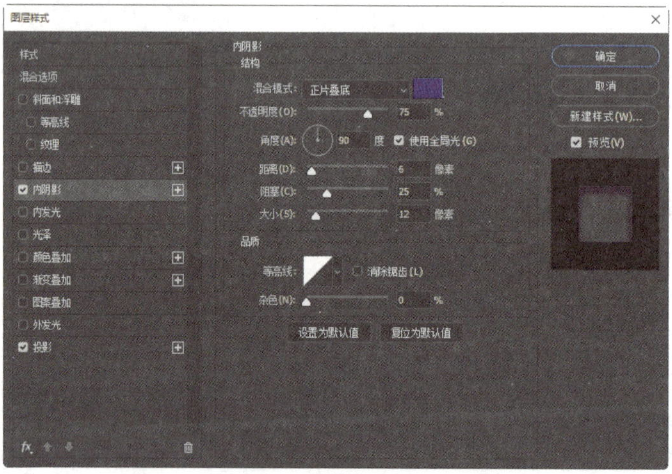

图6-74　设置“内阴影”图层样式参数

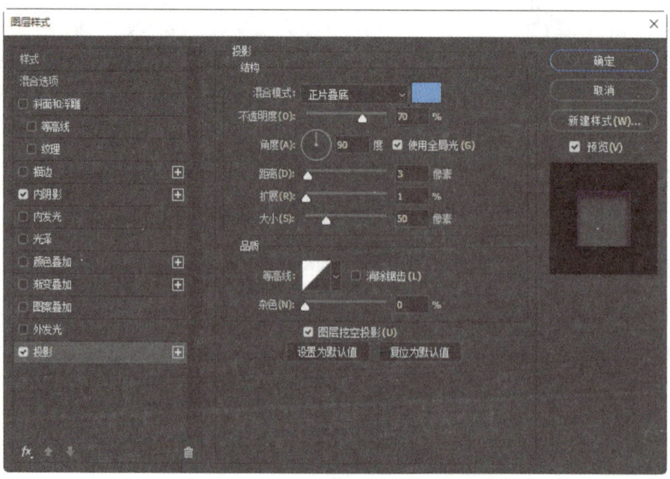

图6-75　设置“投影”图层样式参数

（6）单击工具箱中的“钢笔工具”按钮，在工具属性栏中设置填充颜色为#6600ff，再次绘制一个不规则图形，如图6-77所示。

图6-76　添加图层样式的效果

图6-77　再次绘制不规则图形

（7）选择两个不规则图形的图层，单击鼠标右键，在弹出的快捷菜单中选择“链接图层”选项，如图6-78所示，将两个图层进行关联。

（8）选择两个不规则图形的图层，先按“Ctrl+C”键进行复制，再按“Ctrl+V”键进行粘贴，最后按“Ctrl+T”键调整角度。

（9）分别选择复制得到的不规则图形，执行“编辑”→“变换”→“斜切”菜单命令，调整两个图形，调整后的效果如图6-79所示。

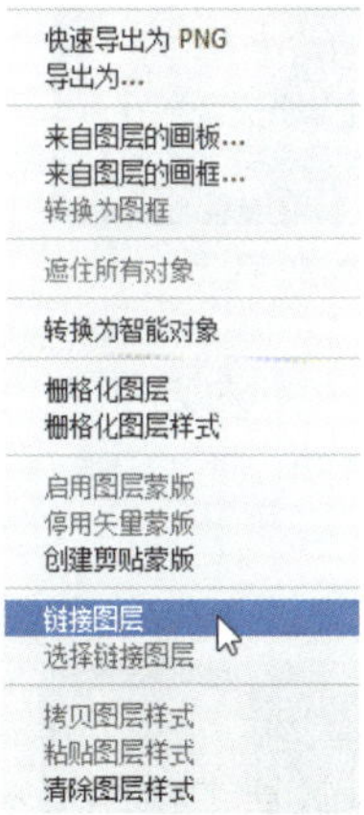

图6-78　选择“链接图层”选项

图6-79　调整图形后的效果

（10）使用相同的方法，再次复制两个不规则图形，将其放置到如图6-80所示的位置。

（11）执行“文件”→“打开”菜单命令，打开“源文件/项目六/保温杯.jpg”图片，单击工具箱中的“魔棒工具”按钮，在空白处单击形成选区，执行“选择”→“反选”菜单命令，得到保温杯的选区，如图6-81所示，然后将其拖入“制作保温杯推广直通车”文件中，并按“Ctrl+T”键调整大小，如图6-82所示。

图6-80　复制不规则图形

图6-81　制作选区

（12）单击工具箱中的“横排文字工具”按钮T，在工具属性栏中设置字体为方正粗黑宋简体，设置字号为110点，设置颜色为黄色，然后在如图 6-83 所示的位置输入“送”，再设置字号为60点，设置颜色为白色，在如图 6-83 所示的位置输入“洗杯刷”。

图6-82　放置保温杯

图6-83　输入文字

（13）继续单击工具箱中的“横排文字工具”按钮T，设置字体为方正粗黑宋简体，设置字号为110点，在如图6-84所示的位置输入“第二件半价”。

（14）使用同样的方法继续添加文字，最终效果如图6-85所示。

图6-84　添加文字

图6-85　最终效果

案例——制作牛奶直通车

（1）执行“文件”→“新建”菜单命令，打开“新建”对话框，设置宽度为800像素，高度为800像素，如图6-86所示，然后单击“确定”按钮，退出对话框，新建“制作牛奶直通车”文件。

（2）选中背景层，将前景色设置为#6bc32a，如图6-87所示，然后按“Alt+Delete”键，填充背景，如图6-88所示。

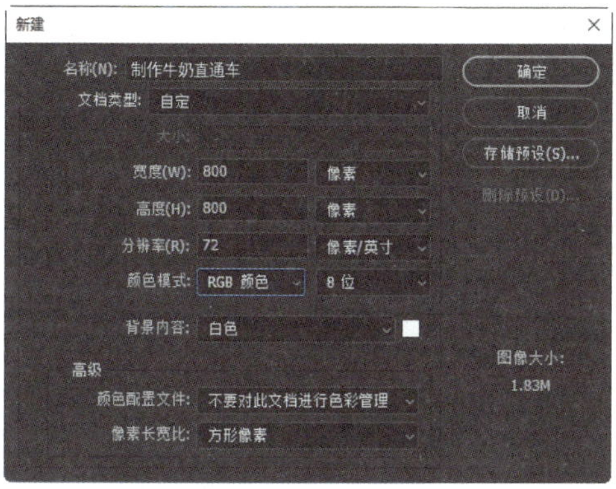

图6-86　“新建”对话框

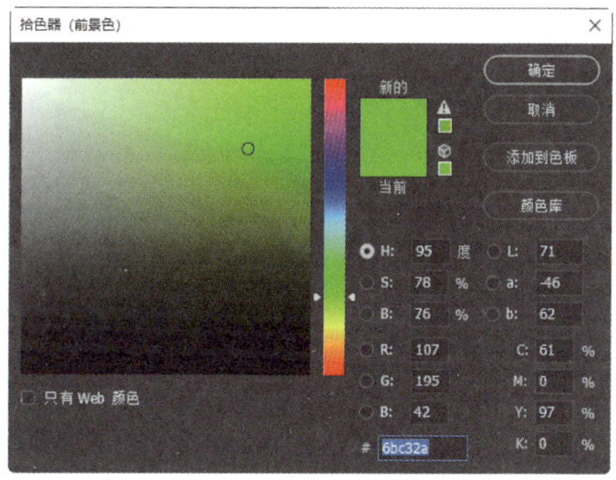

图6-87　设置前景色

（3）执行“文件”→“打开”菜单命令，打开“源文件/项目六/背景1.jpg”图片。

（4）执行“选择”→“色彩范围”菜单命令，打开“色彩范围”对话框，使用“吸管工具”对图片进行取样，如图6-89所示。

图6-88　填充背景

图6-89　使用“吸管工具”取样

（5）在“色彩范围”对话框中根据取样颜色设置选择范围，如图6-90所示，但是发现牛奶中间还有一部分没有被选中，所以单击“添加到取样”按钮，继续在如图6-91所示的黑色的牛奶处取样。

（6）执行操作后，单击“确定”按钮，退出对话框，此时得到如图6-92所示的选区。

（7）将选区拖入“制作牛奶直通车”文件中，调整大小，如图6-93所示。

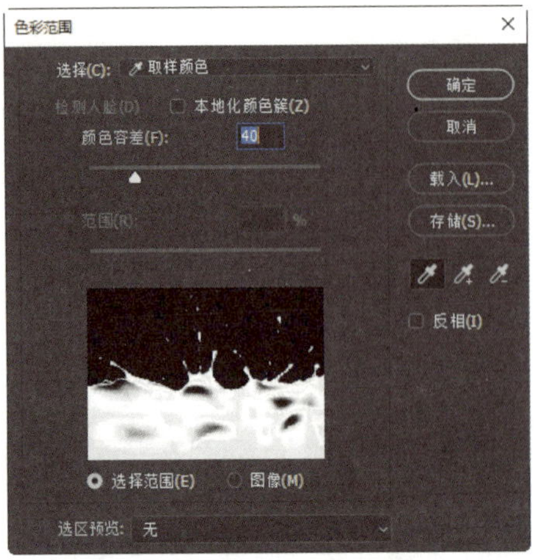

图6-90　“色彩范围”对话框

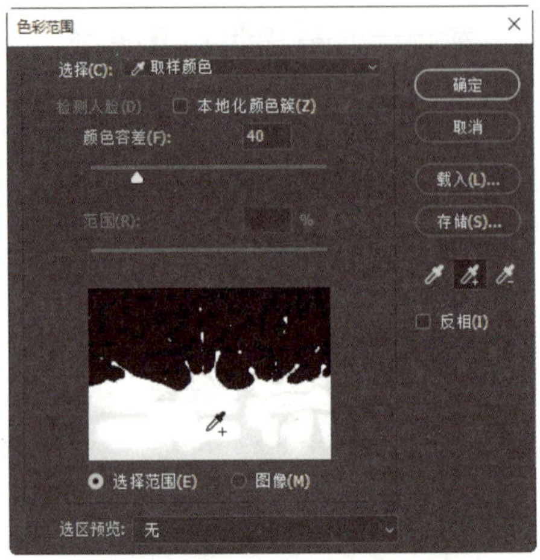

图6-91　使用“添加到取样”

图6-92　选择选区

图6-93　将选区拖入文件

（8）执行“文件”→“打开”菜单命令，打开“源文件/项目六/牛奶.jpg”图片。

（9）单击工具箱中的“多边形套索工具”按钮，制作如图6-94所示的选区，然后将其拖入“制作牛奶直通车”文件中，并调整大小，如图6-95所示。

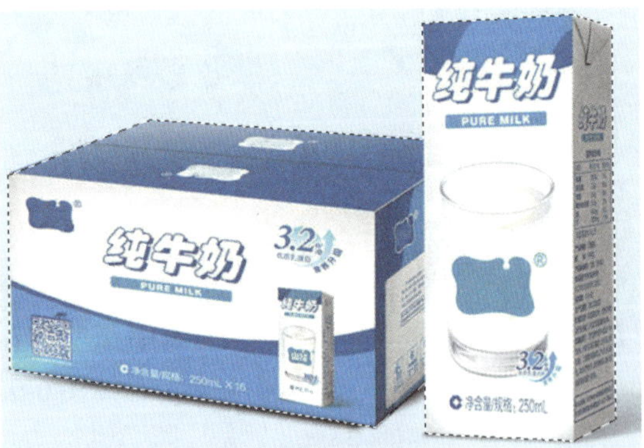

图6-94　制作选区

图6-95　将牛奶盒选区拖入文件

（10）执行“图像”→“调整”→“亮度/对比度”菜单命令，打开“亮度/对比度”对话框，设置参数如图6-96所示。

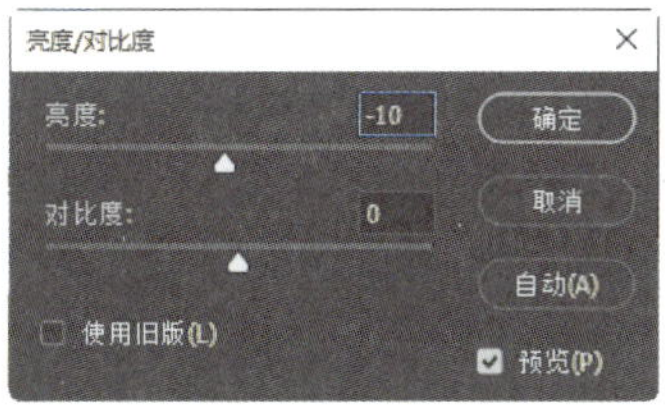

图6-96　“亮度/对比度”对话框

（11）执行“图像”→“调整”→“曲线”菜单命令，打开“曲线”对话框，设置参数如图6-97所示，效果如图6-98所示。

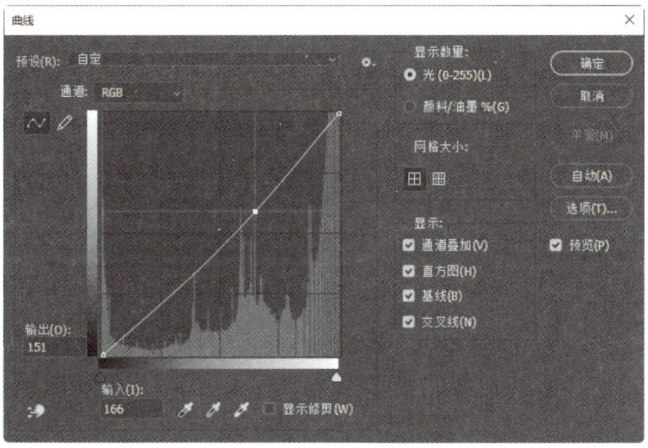

图6-97　“曲线”对话框

图6-98　设置“曲线”后效果

（12）单击工具箱中的“自定形状工具”按钮，在“形状”面板中选择“星爆”，如图6-99所示，然后在如图6-100所示的位置绘制。

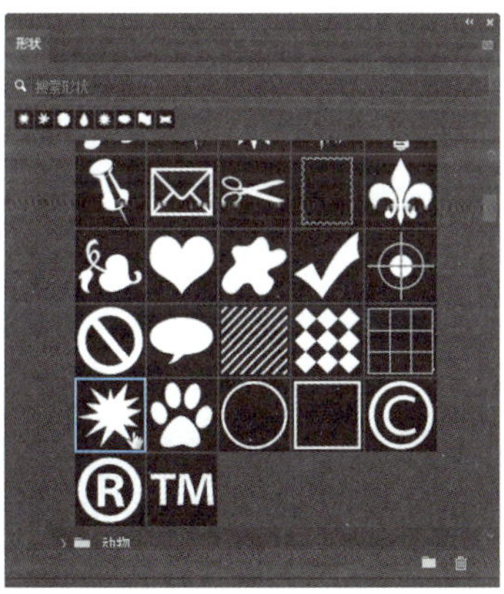

图6-99　“形状”属性面板

图6-100　绘制“星爆”图形

（13）单击工具箱中的“横排文字工具”按钮，在工具属性栏中分别设置字体为黑体和方正姚体，分别设置字号为70点和110点，然后在如图6-101所示的位置分别输入“¥”“35”。

（14）继续单击工具箱中的“横排文字工具”按钮，在如图6-102所示的位置添加文字。

图6-101　输入文字

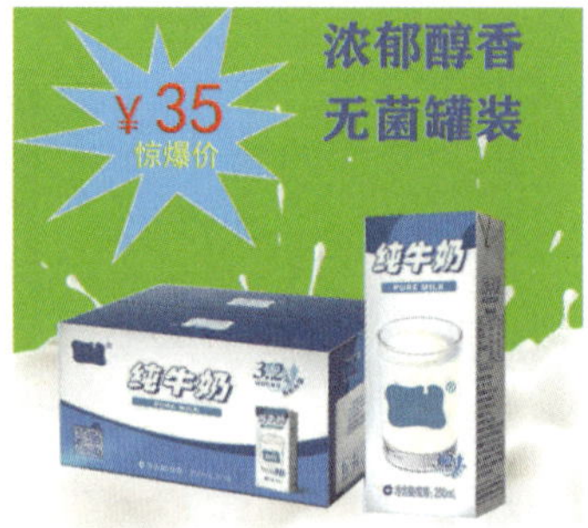

图6-102　继续添加文字

（15）单击工具箱中的“直排文字工具”按钮，在“字符”面板中设置字体为黑体，设置字号为60点，设置颜色为黄色，如图6-103所示，然后在如图6-104所示的位置添加文字。

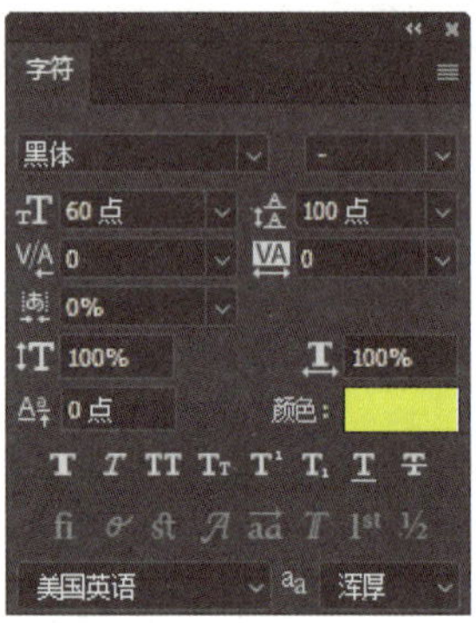

图6-103　“字符”面板

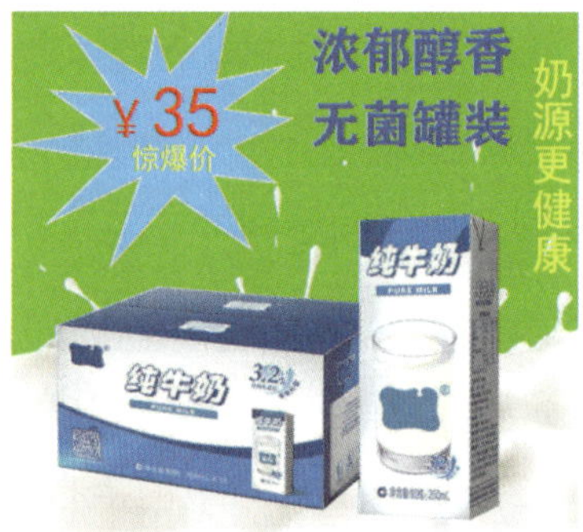

图6-104　最终效果

任务总结

通过本任务的学习，小红对直通车图片的制作有了一定的了解，掌握了直通车图片的设计原则和制作方法。

项目总结

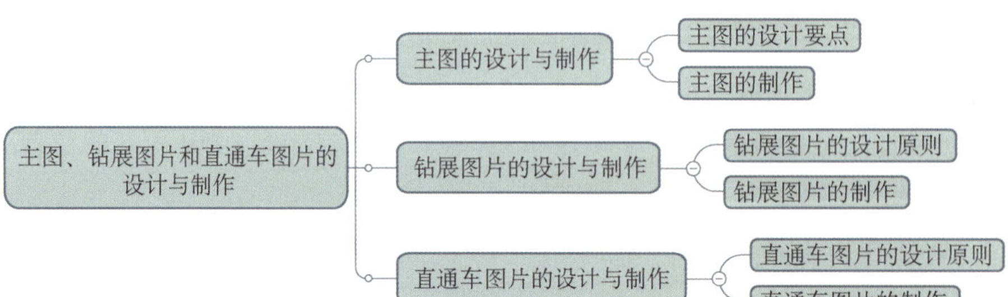

项目实战

实战　制作凉拖直通车

（1）执行“文件”→“新建”菜单命令，打开“新建”对话框，设置宽度为800像素，高度为800像素，新建“制作凉拖直通车”文件。

（2）选中背景层，将前景色设置为#00a8ff，填充背景，如图6-105所示。

（3）执行“文件”→“打开”菜单命令，打开“源文件/项目六/凉拖.psd”文件，将其拖入“制作凉拖直通车”文件中，并调整大小，如图6-106所示。

图6-105　填充背景

图6-106　放置凉拖

（4）单击工具箱中的“椭圆工具”按钮，设置描边宽度为2像素，然后在如图6-107所示的位置绘制一个圆形。

（5）单击工具箱中的“横排文字工具”按钮，在圆内添加文字，如图6-108所示。

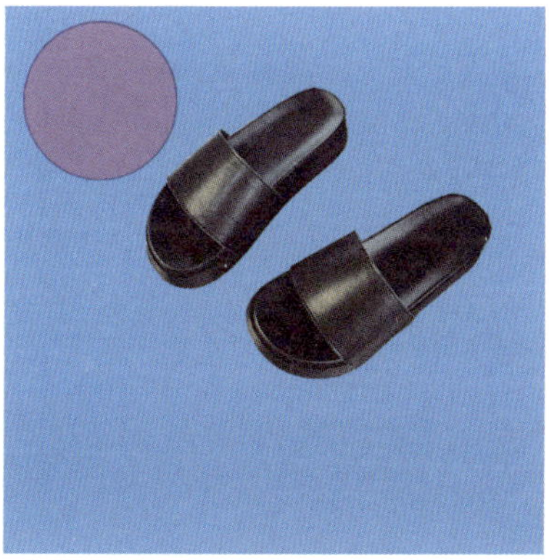

图6-107　绘制圆

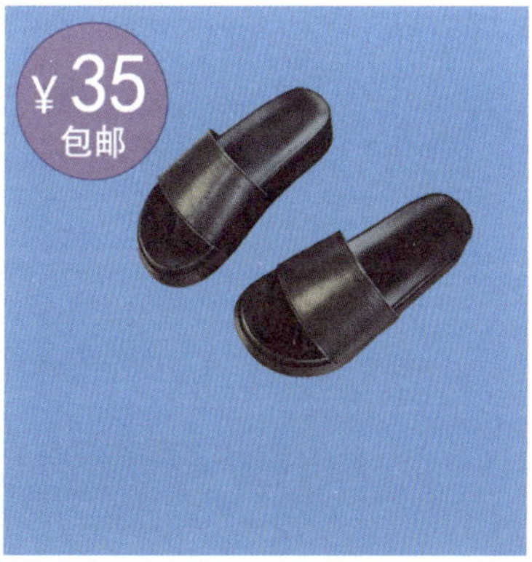

图6-108　添加文字

（6）单击工具箱中的“矩形工具”按钮，在“属性”面板中设置4个角的半径为

10像素，如图6-109所示，然后在如图6-110所示的位置绘制一个矩形。

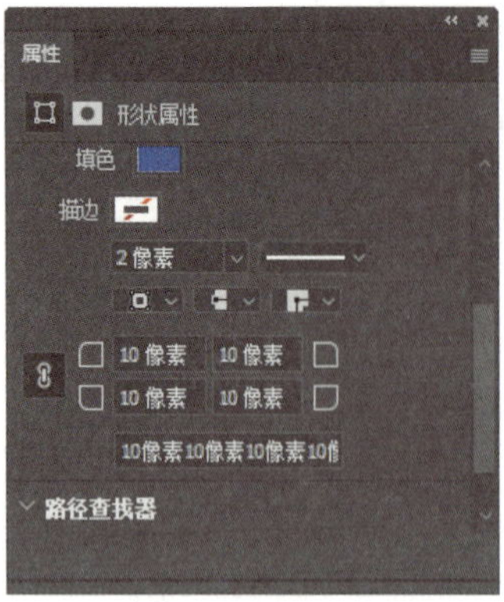

图6-109 “属性”面板

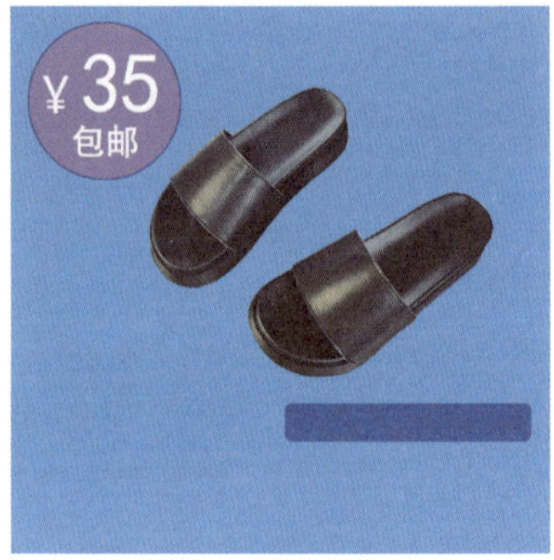

图6-110 绘制矩形

（7）单击工具箱中的“横排文字工具”按钮，设置字体为黑体，设置字号为36，设置颜色为白色，在矩形上输入“鞋面真牛皮，PU软底”，如图6-111所示。

（8）选中矩形和文字图层，将其复制，并修改文字内容，最终效果如图6-112所示。

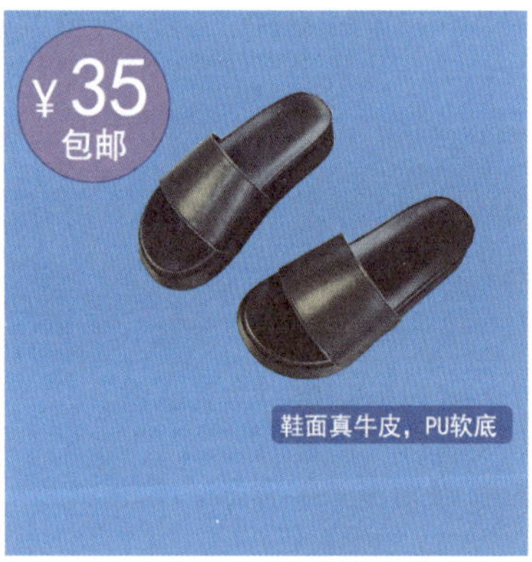

图6-111 输入文字

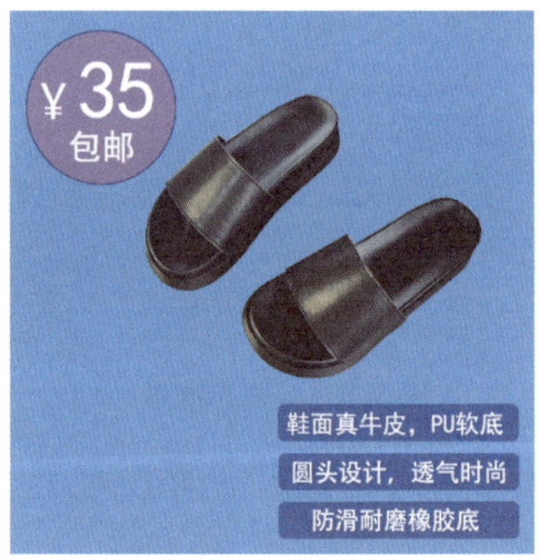

图6-112 最终效果

项目七

图片的切片与管理

素质目标

➢ 注重培养读者解决问题的能力和理论联系实际的能力。

➢ 坚守道德底线，树立和增强思想修养意识。

技能目标

➢ 掌握图片切片的运用。

➢ 掌握素材中心的应用。

项目导读

网店首页或商品详情页的图片通常都是一张完整的图片，但在实际应用中，需要根据不同板块的要求进行切割再上传。Photoshop 中的切片工具可以将图片切割成需要的大小，并通过图片空间对其进行上传和管理。本项目将对 Photoshop 的切片工具和图片空间的运用进行讲解。

任务1 图片切片

任务引入

小红装修完网店后，开始进行上传，但图片过大，无法上传。通过对Photoshop的学习，小红知道可以利用切片工具将图片分割后再上传。那么，怎样使用切片工具呢？

知识准备

网店首页和商品详情页通常是网店美工使用Photoshop一次性制作完成的，这样做的优点是能保证页面风格统一、整体效果较好，但是，这样制作的图片往往尺寸过大，无法直接上传并使用，所以需要将其切割成符合平台要求的大小，并通过自定义模块用于店铺装修。

一、创建切片

要为图像创建切片，可首先单击工具箱中的“切片工具”按钮，此时切片工具属性栏如图7-1所示，“样式”下拉列表中有3个选项：“正常”“固定长宽比”“固定大小”。当选择“正常”时，用户可以在图像中拖动默认创建的任意长宽比的切片；当选择另外两项时，工具属性栏的“宽度”和“高度”文本框将变为可用，在这里可设置切片的长宽比例或大小。若图像窗口显示参考线，则工具属性栏中的“基于参考线的切片”按钮将变为可用。

图7-1　切片工具属性栏

设置好“样式”后，在图像窗口中单击并拖动鼠标即可创建切片，如图7-2所示。使用这种方法创建的切片，称为用户切片。

图7-2　创建的用户切片

此外，还可根据图层创建切片。为此，可首先在图层控制面板中选中要创建为切片的图层，然后执行“图层”→“新建基于图层的切片”菜单命令。例如，在图7-3中，要基于文字“THE BOX TRULLS”所在的图层创建切片时，可先在图层控制面板中选中该图层，然后执行“图层”→“新建基于图层的切片”菜单命令，创建的基于图层的切片如图7-3所示。

图7-3　创建的基于图层的切片

从上述两个创建切片的例子中可以看到，虽然我们只想创建一个切片，系统却自动生成了另外4个附加的自动切片，它们占据了图像中用户切片或基于图层的切片未定义的空间。每次添加或编辑用户切片或基于图层的切片时，系统都会重新生成自动切片。

创建好切片后，还可对切片的位置和尺寸进行调整。

若创建的是用户切片，则当把鼠标移至切片区域时，鼠标会自动变为形状，此时单击并拖动鼠标即可移动切片的位置；当把鼠标移至切片的边界线上时，鼠标会变为双向箭头，此时单击并拖动鼠标即可改变切片的尺寸，如图7-4所示。

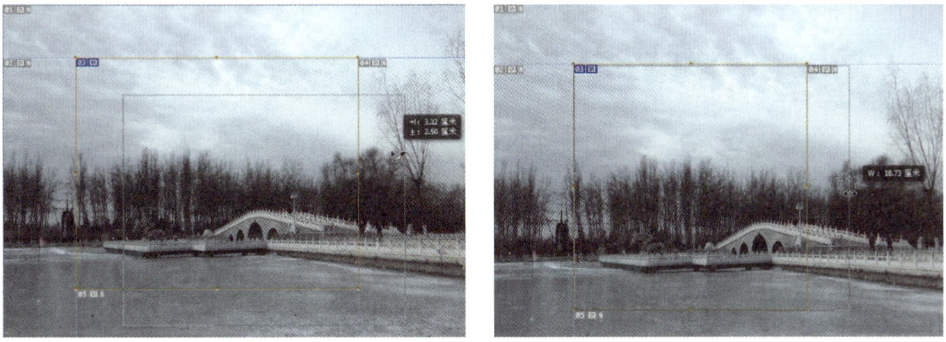

图7-4　改变切片的位置和尺寸

若创建的是基于图层的切片，又想改变切片的位置和大小，则应首先在工具箱中单击“切片选择工具”按钮，此时的工具属性栏如图7-5所示，然后在工具属性栏上单击“提升到用户切片”按钮，就可像更改用户切片那样更改该切片了。

图7-5 切片选择工具属性栏

若要删除切片，则只需用切片选择工具选中该切片后按“Delete”键即可。

此外，用户还可以利用切片选择工具属性栏中的按钮进行划分用户切片、隐藏自动切片、调整切片层次和编辑切片选项等操作。

二、设置切片选项

设置切片选项，可单击切片选择工具属性栏上的“切片选项”按钮，系统将弹出如图7-6所示的“切片选项”对话框。对话框中各参数的意义如下。

（1）“切片类型”下拉列表：分为图像和无图像两种类型。若选择无图像，则“切片选项”对话框如图7-7所示，用户可在该对话框中输入显示在单元格中的文本。

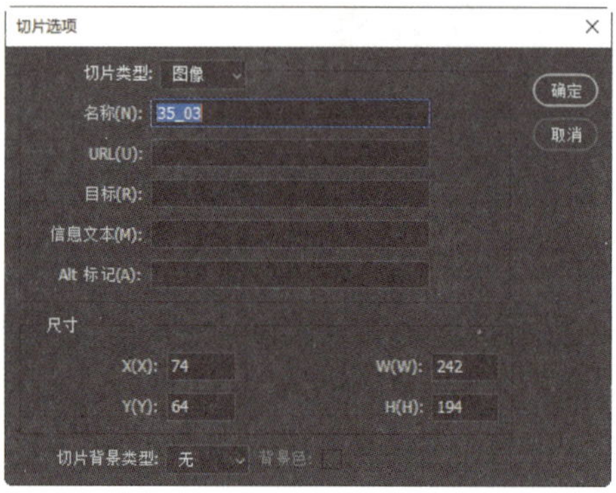

图7-6 “切片选项”对话框

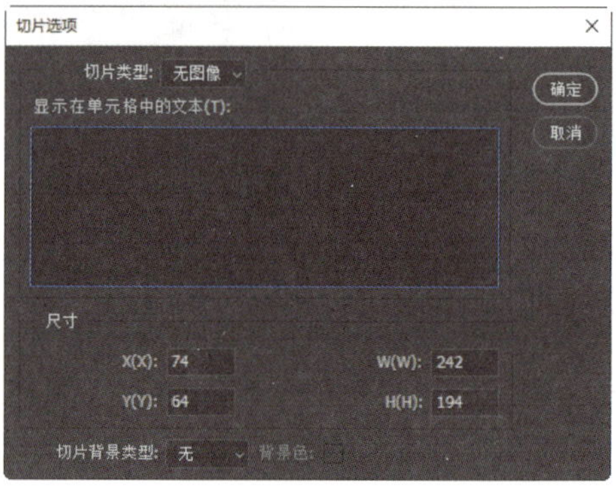

图7-7 无图像类型“切片选项”对话框

（2）“名称”文本框：设置切片名称。

（3）“URL”文本框：设置超链接地址。

（4）“目标”文本框：设置在何处打开链接网页。

（5）“信息文本”文本框：设置切片提示信息。当鼠标移至该切片区域时，系统将在浏览器的状态栏上显示该信息。

（6）“Alt标记”文本框：对于非图形浏览器而言，可利用该文本框设置在切片位置显示的文字。

（7）“尺寸”选项组：设置切片的大小。

（8）“切片背景类型”下拉列表：选择一种背景色填充透明区域（适用于图像切片）或整个区域（适用于无图像切片）。

切片是生成表格的依据，切片的过程要先总体后局部，即先把网页整体切分成几个大部分，再细切其中的小部分。

对于渐变的效果或圆角等图片特殊效果，需要在页面中表现出来的，要单独切出来。

案例——女鞋首页切片处理

（1）执行“文件”→“打开”菜单命令，打开“源文件/项目七/女鞋.psd”文件。

（2）执行“视图”→“显示”→“参考线”菜单命令，拖曳出4条参考线，如图7-8所示。

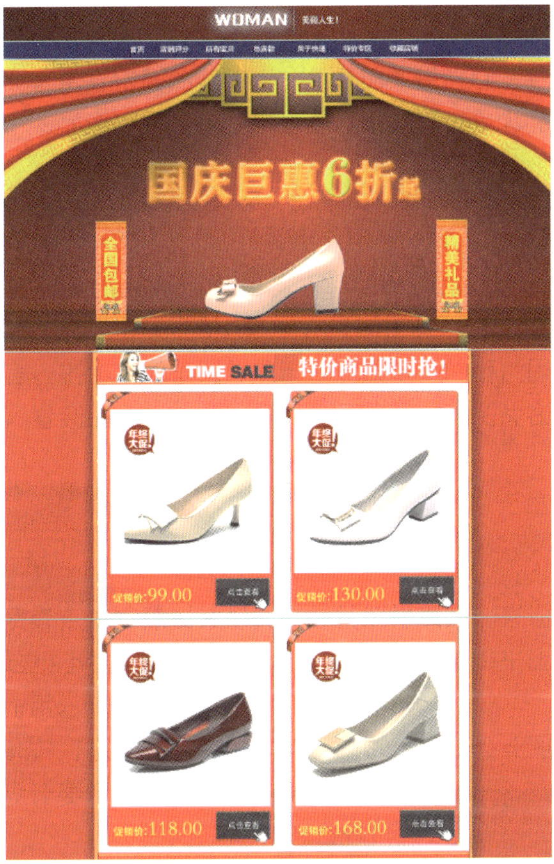

图7-8　显示参考线

（3）单击工具箱中的“切片工具”按钮，再单击店招左上角，按住鼠标左键不放并沿参考线拖曳鼠标指针到右侧的目标位置后释放鼠标左键，此时切片显示橙色的线框，如图7-9所示。

图7-9　对店招进行切片

（4）在切片区域中单击鼠标右键，在弹出的快捷菜单中选择“编辑切片选项”命令，弹出“切片选项”对话框，在“名称”文本框中输入“女鞋首页_店招”，如图7-10所示，然后单击“确定”按钮，退出对话框。

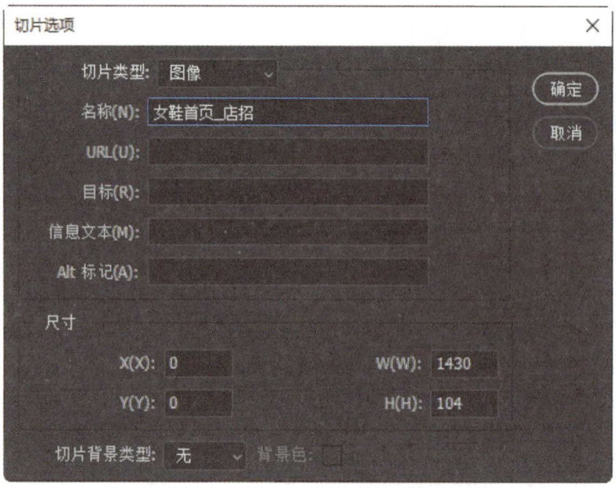

图7-10　给店招切片命名

（5）使用同样的方法，对导航条进行切片，并将其“名称”命名为“女鞋首页_导航条”，如图7-11所示。

（6）最后，单击工具箱中的“切片工具”按钮，沿着参考线对海报和促销商品进行切片处理，最终效果如图7-12所示。

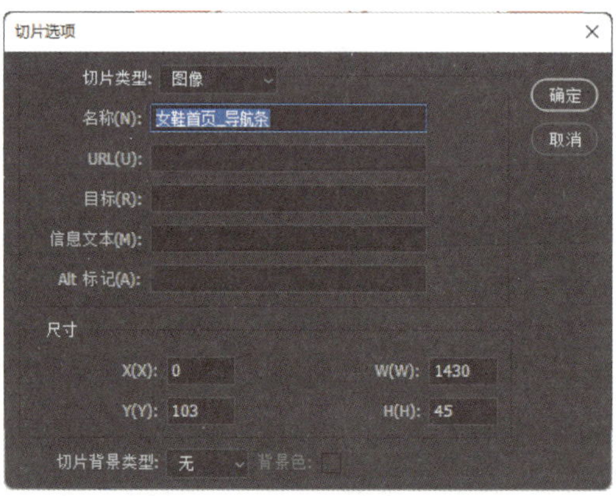

图7-11　给导航条切片命名

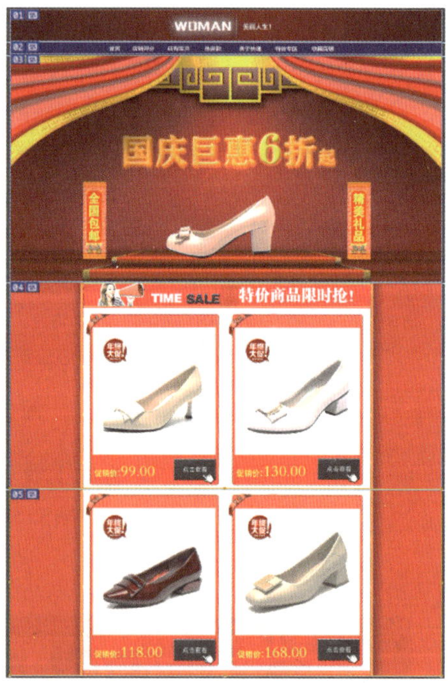

图7-12　最终效果

任务总结

通过本任务的学习，小红掌握了创建切片的方法，了解了如何通过设置切片选项来完成切片效果。

任务2　素材中心

任务引入

小红将切割好的图片上传以后，发现有重复的图片，需要进行删除，小红应该怎么操作呢？怎样删除素材图片呢？

知识准备

一、素材中心概述

素材中心不仅包括商家的各种素材，还包括各种风格的模块样式，可以为店铺装修提供多方面的支持。

1. 素材中心的进入方法

登录淘宝网，进入千牛卖家中心首页，单击页面左侧“商品管理”下拉列表中的“图片空间”按钮，如图7-13所示，此时可进入素材中心页面，如图7-14所示。

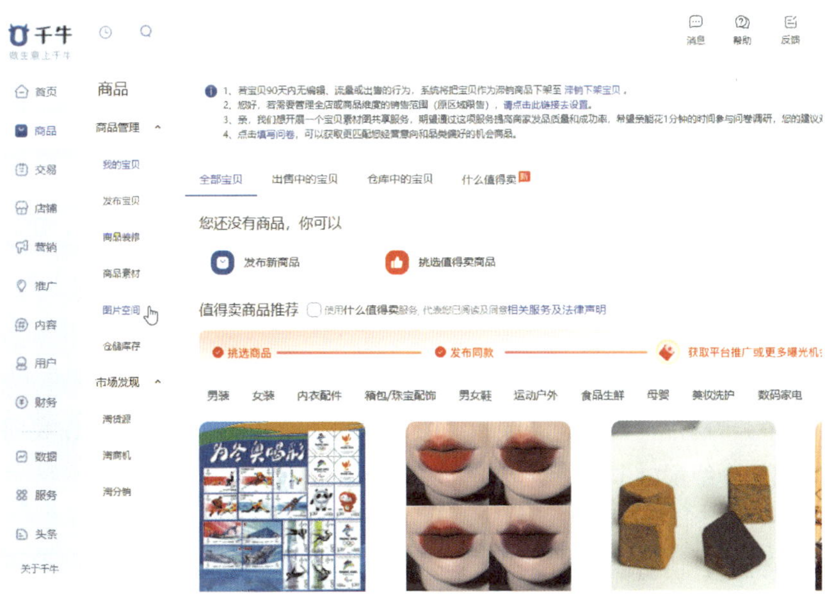

图7-13　单击“图片空间”按钮

2. 素材中心的容量提升

素材中心的容量是有限的，目前，平台按照店铺的等级给予了商家大小不同的免费容量。钻石级以下商家的免费容量为1GB，皇冠级商家的免费容量为4GB，红冠级商家

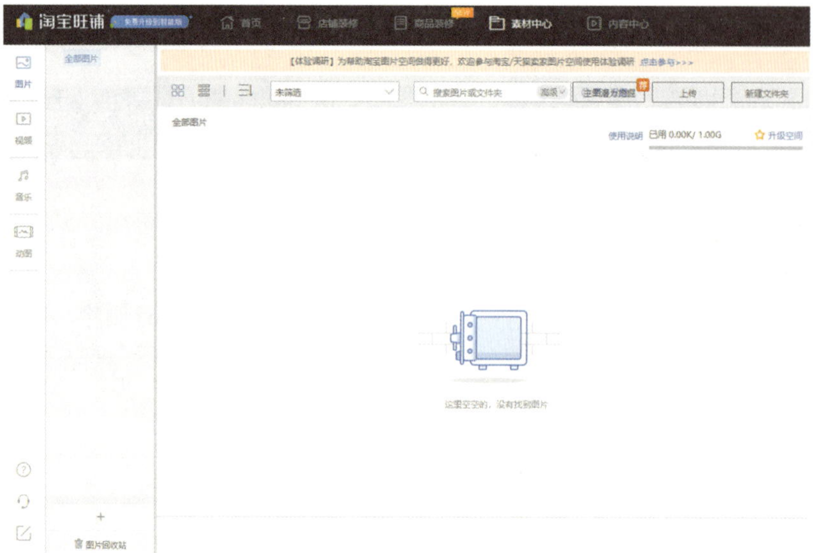

图7-14　进入素材中心

的免费容量为30GB。但是店铺等级的提升是一个缓慢的过程，如果素材中心的容量不够用，商家可以在淘宝服务平台通过付费购买的方式来扩大素材中心的容量。

3. 素材中心的优势

素材中心相比于其他网络数据储存器有其独特的优势，其中的素材不但能直接复制链接，还能在装修过程中快速进行图片的查找。下面对素材中心的各种优势分别进行介绍。

（1）安全稳定：素材中心是淘宝官方产品，采用CDN存储，存储的数据不但安全，而且稳定。

（2）管理方便：素材中心能对上传的素材进行分类，并且新增的功能能够更好地让图片展现到空间中，便于查找与管理。

（3）浏览快速：在素材中心浏览图片，就像是在电脑中查看桌面文件一样。应用素材中心的图片可以加快页面打开的速度，不仅提高了消费者的浏览量，还增加了销售量。

二、素材中心的功能

素材中心对于图片、视频、音频和动图素材的功能和实现功能的操作大同小异，这里以图片为例来介绍素材中心的上传、替换、删除与还原功能。

1. 将图片上传到素材中心

在装修店铺时，所有的图片都需要通过模块来展示，而模块中对应的图片都需要先上传到素材中心，再插入模块中。

案例——上传素材图片

（1）打开网页，进入淘宝官网，单击“千牛卖家中心”按钮，如图7-15所示，进入千牛卖家中心首页。

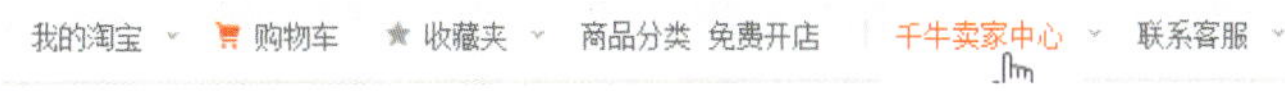

图7-15　单击“千牛卖家中心”按钮

（2）在左侧“商品管理”下拉列表中单击“图片空间”按钮，进入素材中心首页。

（3）单击页面右上角的“上传”按钮，即可打开“上传图片”对话框，如图7-16所示。

图7-16　“上传图片”对话框

（4）在“上传图片”对话框中，我们可以采用以下两种上传图片的方法。

① 拖曳上传：拖曳上传只需要将需要上传的图片文件或文件夹直接用鼠标拖曳到页面中即可。

② 单击上传：单击“上传图片”对话框中的“上传”超链接，如图7-17所示。

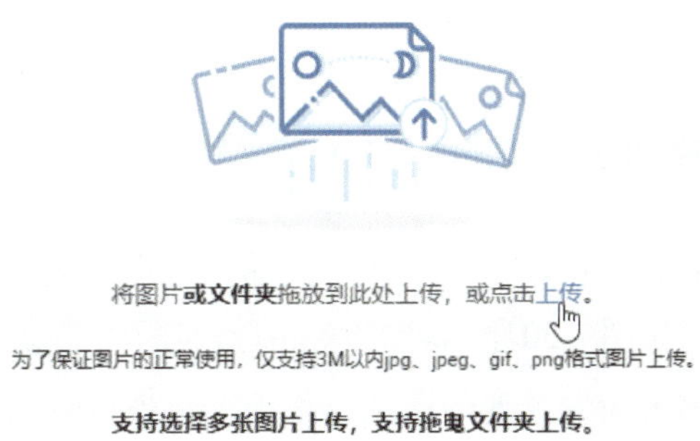

图7-17　单击上传

（5）执行上述操作后，弹出“打开”对话框，如图7-18所示，从中选择需要的图片，然后单击“打开”按钮即可完成上传，如图7-19所示。

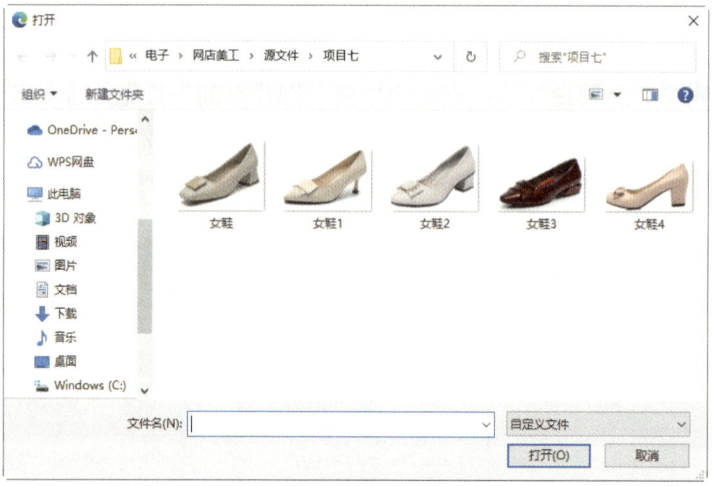

图7-18 “打开”对话框

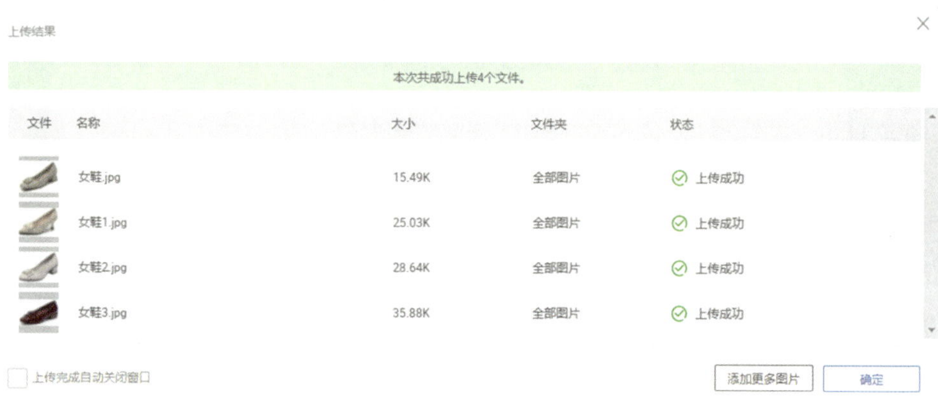

图7-19 完成图片的上传

2. 素材中心的替换功能

将图片上传到素材中心后，还可以对图片进行替换，替换后的图片不仅图片名称和替换前一致，而且店铺中所有使用过原图片的位置都会自动同步替换，极大地节约了批量更改的时间。

案例——替换素材图片

（1）在千牛卖家中心首页中，单击左侧“商品管理”下列拉表中的“图片空间”按钮，进入素材中心首页，如图7-20所示。

（2）在图片列表中选中需要替换的图片，单击“替换”按钮，如图7-21所示，弹出“打开”对话框，选择需要的图片，如图7-22所示。

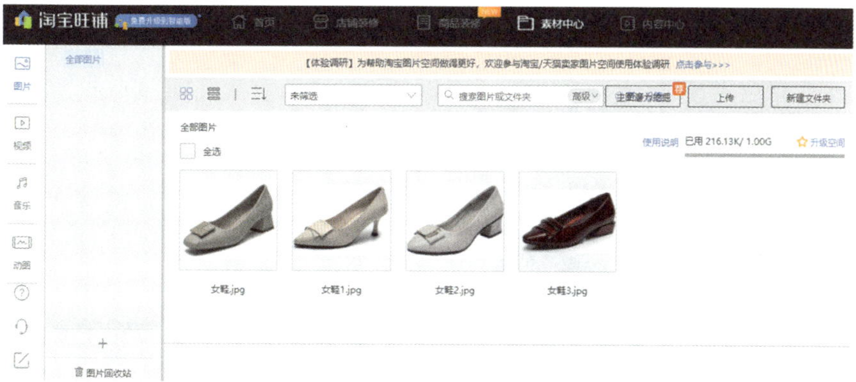

图7-20　进入素材中心首页

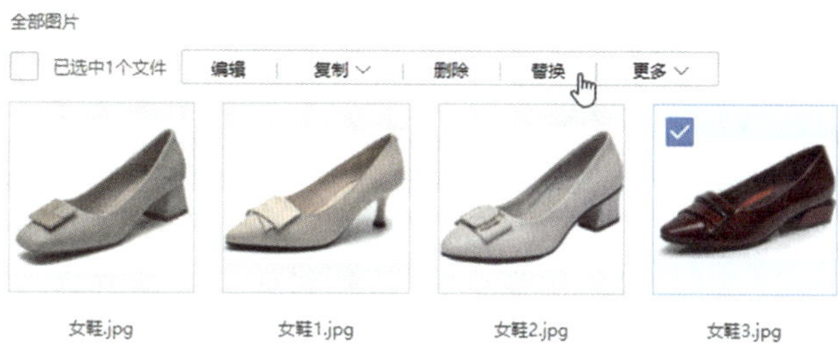

图7-21　单击“替换”按钮

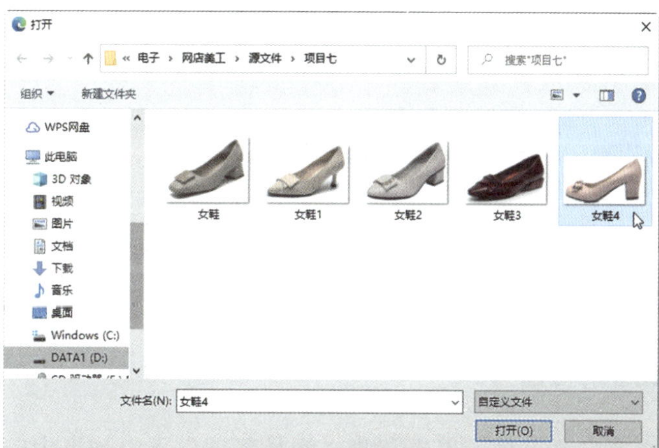

图7-22　选择图片

（3）执行完上述操作后，单击“打开”按钮，弹出“替换”对话框，如图7-23所示，此时显示替换前图片和替换后图片的缩略图，单击“确定”按钮即可完成替换，替换后的效果如图7-24所示。

3. 永久删除或还原素材中心中被删除的图片

在计算机中，被删除的数据会先放在回收站，在回收站中可以对这些数据进行彻底删除或还原。在素材中心中，也有类似的设计，在图片列表中被执行删除的图片会被放入图片回收站，若7天内未进行还原操作，则会被彻底删除。

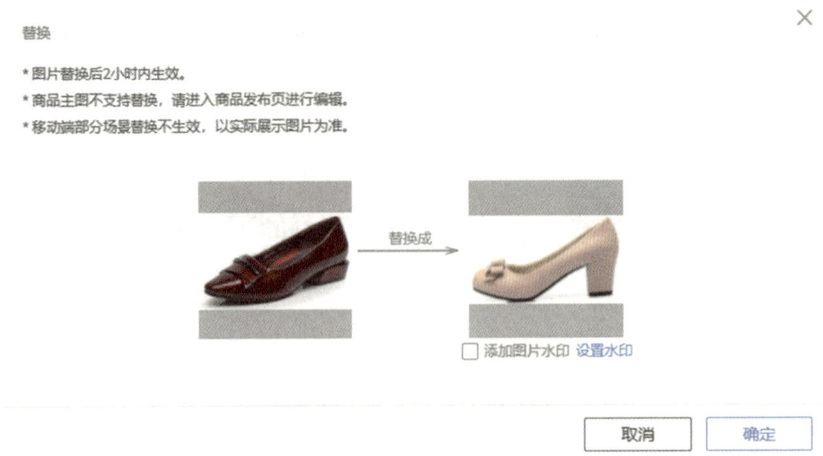

图7-23　“替换”对话框

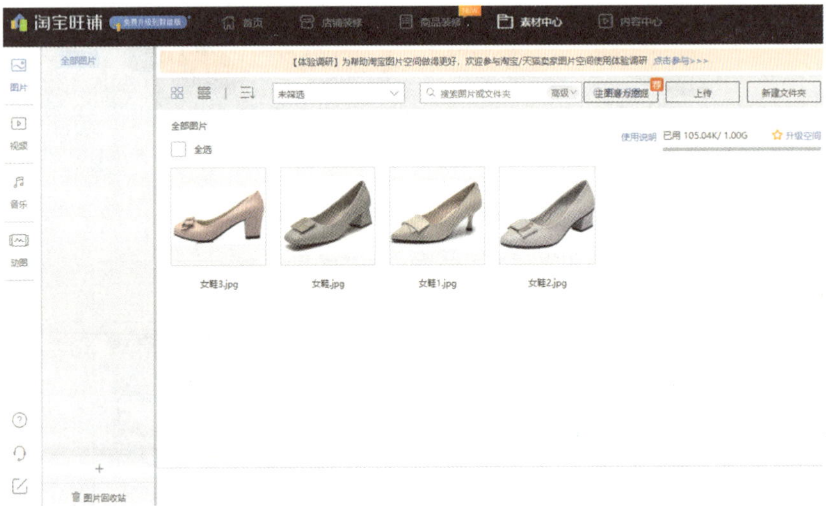

图7-24　替换后的效果

案例——删除素材图片

（1）在千牛卖家中心首页，单击左侧“商品管理”下拉列表中的“图片空间”按钮，进入素材中心页面。

（2）在图片列表中，将鼠标指针放置到想要删除的图片上，此时会显示如图 7-25 所示的图标。

（3）单击“删除”图标，打开如图7-26所示的对话框，单击“确定”按钮即可完成删除操作。

（4）如果需要批量删除，可以依次勾选需要删除的图片，然后单击上方的“删除”按钮，在打开的下拉列表中选择“强制删除文件及文件夹”选项，如图7-27所示，然后在打开的如图7-28所示的对话框中单击“确定”按钮即可。

图7-25　显示图标

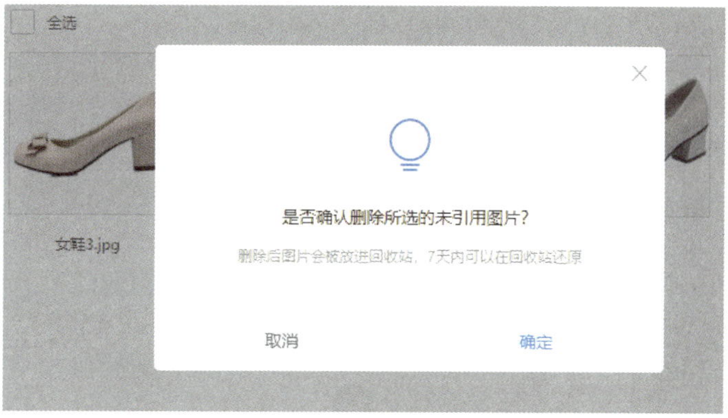

图7-26　“是否确认删除所选的未引用图片”对话框

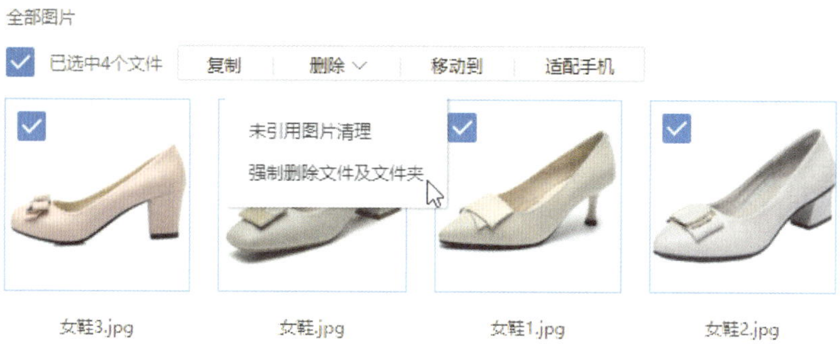

图7-27　选择“强制删除文件及文件夹”选项

图7-28　“是否确认强制删除所选图片”对话框

任务总结

通过本任务的学习，小红了解了素材中心的进入方法、素材中心容量提升的方法和素材中心的优势，掌握了将图片上传到素材中心的方法和素材中心的替换功能，知道了如何永久删除素材中心的图片，以及如何将删除的图片还原。

项目总结

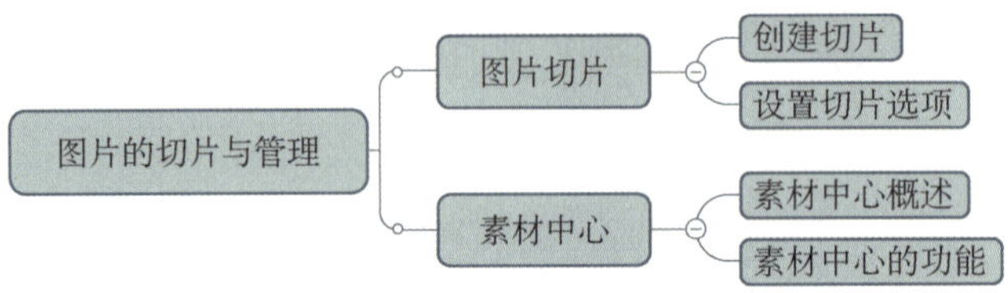

项目实战

实战　还原素材图片

（1）在千牛卖家中心首页，单击左侧“商品管理”下拉列表中的“图片空间”按钮，进入素材中心首页，如图7-29所示。

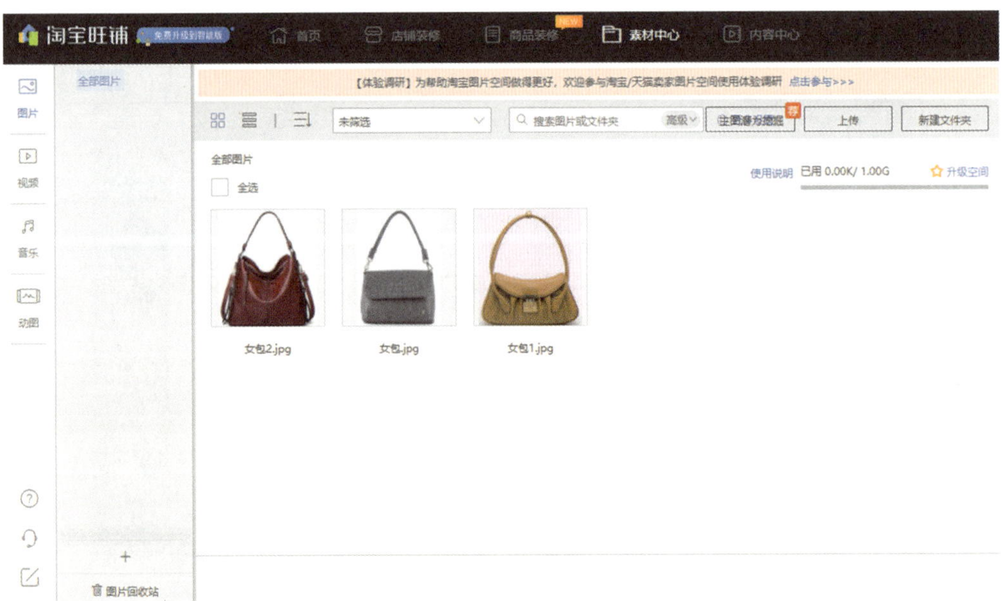

图7-29　进入素材中心首页

（2）在图片列表中选中需要删除的图片，单击页面左下角的“图片回收站”按钮，将其删除，删除图片后的效果如图7-30所示。

（3）进入图片回收站，此时发现已删除的图片信息以横向列表方式显示，如图7-31所示，单击“还原”按钮，即可完成还原素材图片的操作。

图 7-30　删除图片后的效果

图 7-31　图片回收站

项目八

装修服装店铺实例

本项目将详细介绍装修服装店铺的操作步骤，通过对店招、导航、欢迎模块、客服区、商品详情和售后服务区的设计，使整个版面更加生动、富有感染力。

一、设计店招和导航

（1）执行“文件”→“新建”菜单命令，新建一个空白文件，尺寸设置为700像素×1800像素，分辨率设置为72像素/英寸。

（2）单击工具箱中的“矩形工具”按钮，设置前景色为白色，绘制一个如图 8-1所示的矩形。

（3）在“图层”面板中，单击底部的“添加图层样式”按钮，在弹出的快捷菜单中选择“描边”选项，打开“图层样式”对话框，设置参数如图8-2所示。

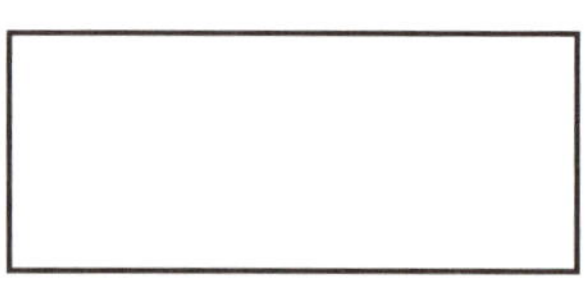

图8-1　绘制矩形

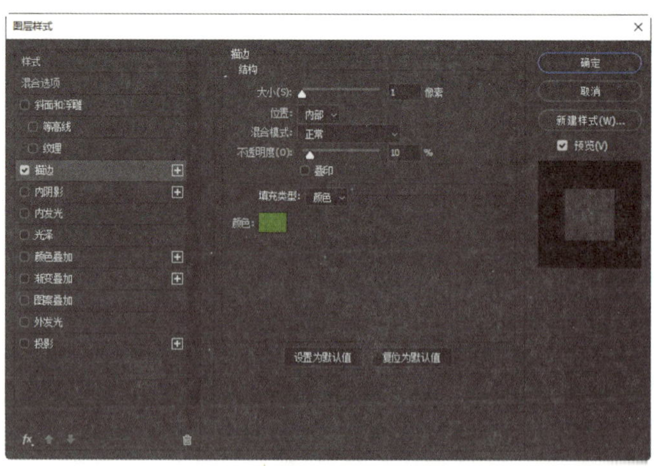

图8-2　设置“描边”参数

（4）使用同样的方法设置“投影”参数，如图8-3所示，给矩形添加投影后的效果如图8-4所示。

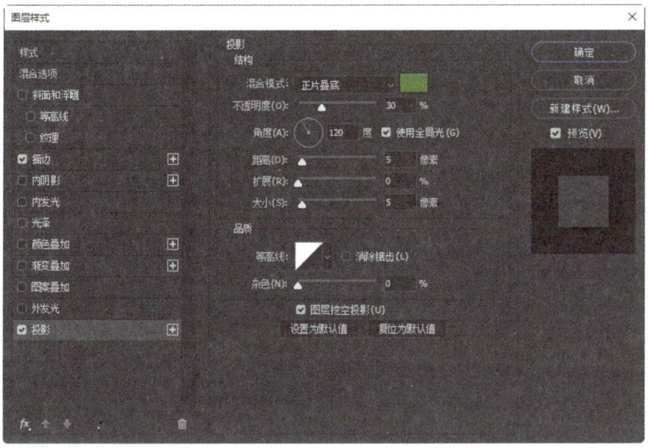

图8-3　设置“投影”参数

图8-4　给矩形添加投影后的效果

（5）单击工具箱中的“自定形状工具”按钮，在矩形的左上角绘制一片叶子。

（6）单击工具箱中的“横排文字工具”按钮，在工具属性栏中设置字体为方正粗黑宋简体，设置字号为48点，设置颜色为黑色，如图8-5所示，然后在矩形中输入“Bright”，如图8-6所示。

图8-5　工具属性栏

（7）在“图层”面板中，单击底部的“添加图层样式”按钮，在弹出的快捷菜单中选择“渐变叠加”选项，打开“图层样式”对话框，设置参数如图8-7所示，效果如图8-8所示。

图8-6　输入文字

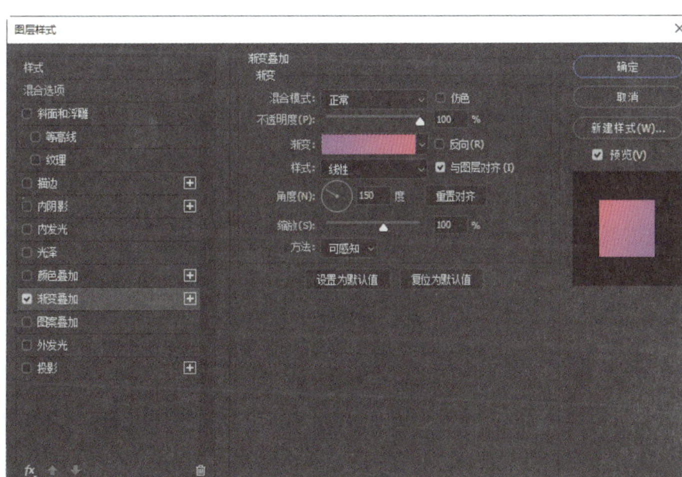

图8-7　设置“渐变叠加”参数

（8）单击工具箱中的“横排文字工具”按钮T，设置字体为楷体，设置字号为22点，然后在矩形下方输入“时尚照亮您的美”，如图8-9所示。

图8-8 “渐变叠加”效果

图8-9 添加文字

（9）单击工具箱中的“矩形工具”按钮，绘制一个如图8-10所示的矩形，填充颜色为#03acaf。

图8-10 绘制矩形

（10）单击工具箱中的“横排文字工具”按钮T，在矩形上添加文字，完成店招和导航的绘制，效果如图8-11所示。

图8-11 设计的店招和导航

二、设计欢迎模块

（1）执行“文件”→“打开”菜单命令，打开“源文件/项目八/背景.jpg”文件，将背景直接拖入“装修服装店铺”文件中，并按“Ctrl+T”键调整背景的大小，如图8-12所示。

（2）单击工具箱中的“矩形工具”按钮，设置填充颜色为黄色，然后在如图8-13所示的位置绘制一个矩形。

（3）单击工具箱中的“横排文字工具”按钮T，设置字体为方正粗圆简体，设置字号为30点，设置颜色为#00961c，然后在矩形上输入“Memories of spring”，如图8-14所示。

图8-12　放置背景

图8-13　绘制矩形

图8-14　输入“Memories of spring”

（4）单击工具箱中的“矩形工具”按钮，在“属性”面板中设置角半径为35.5像素，如图8-15所示，然后在如图8-16所示的位置绘制一个圆角矩形。

（5）单击工具箱中的“横排文字工具”按钮，在圆角矩形上添加文字，如图8-17所示。

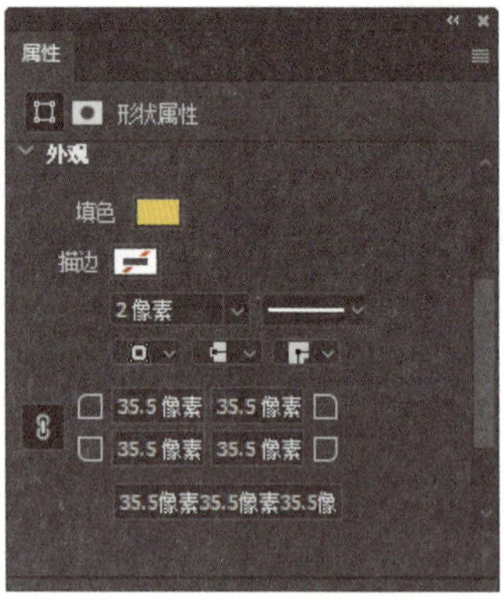

图8-15　“属性”面板

图8-16　绘制圆角矩形

图8-17　在圆角矩形上添加文字

（6）单击工具箱中的“椭圆工具”按钮，设置填充颜色为#00b509，设置描边颜色为黄色，然后在如图8-18所示的位置绘制一个椭圆，并按“Ctrl+T”键调整椭圆角度。

图8-18　绘制椭圆

（7）单击工具箱中的“横排文字工具”按钮，在椭圆上输入文字，完成欢迎模块的绘制，效果如图8-19所示。

图8-19　设计的欢迎模块

三、设计客服区

（1）单击工具箱中的“矩形工具”按钮，在欢迎模块下方绘制一个长条矩形，如图8-20所示。

图8-20　绘制长条矩形

（2）单击工具箱中的“横排文字工具”按钮，设置字体为楷体，设置字号为30点，然后在长条矩形中输入“客服”。

（3）在“字符”面板中设置字体为楷体，设置字号为15点，设置颜色为蓝色，如图8-21所示，继续在长条矩形中输入“工作时间9：00—22：00”，效果如图8-22所示。

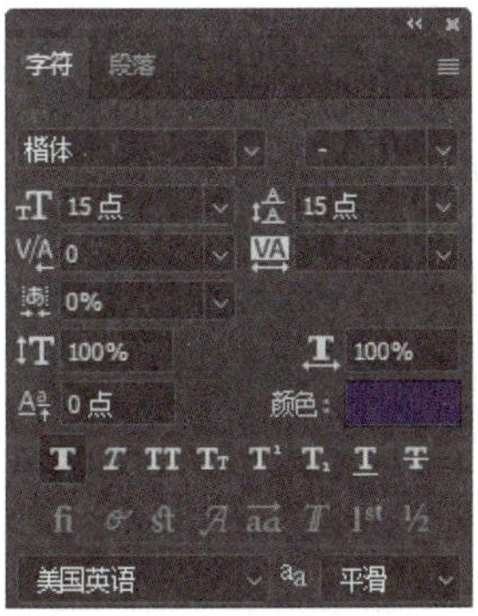

图8-21　“字符”面板

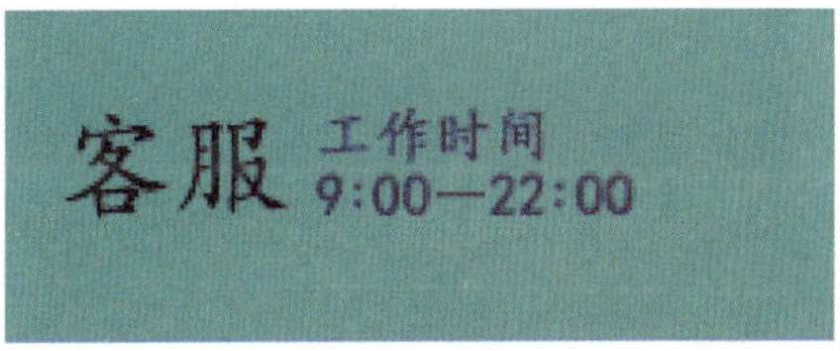

图8-22　在长条矩形中输入文字

（4）使用同样的方法，添加剩余文字，如图8-23所示。

图8-23　在长条矩形中添加剩余文字

（5）执行“文件”→“打开”菜单命令，打开“源文件/项目八/图标.jpg”文件，使用多边形套索工具将图标抠出来拖入“装修服装店铺”文件中，然后按“Ctrl+T”键调整图标大小，完成客服区的制作，效果如图8-24所示。

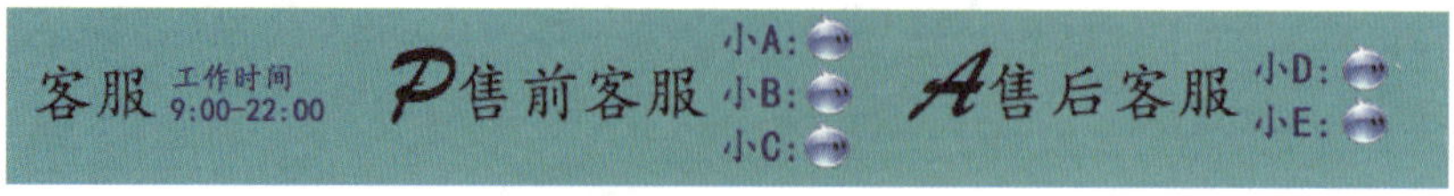

图8-24　设计的客服区

四、设计商品详情

（1）执行“文件”→“打开”菜单命令，打开“源文件/项目八/雪纺衬衫.jpg”文件，将其直接拖入“装修服装店铺”文件中，并按“Ctrl+T”键调整大小。

（2）单击“图层”面板中底部的“添加图层样式”按钮，在弹出的快捷菜单中选择“描边”选项，打开“图层样式”对话框，设置参数如图8-25所示，效果如图8-26所示。

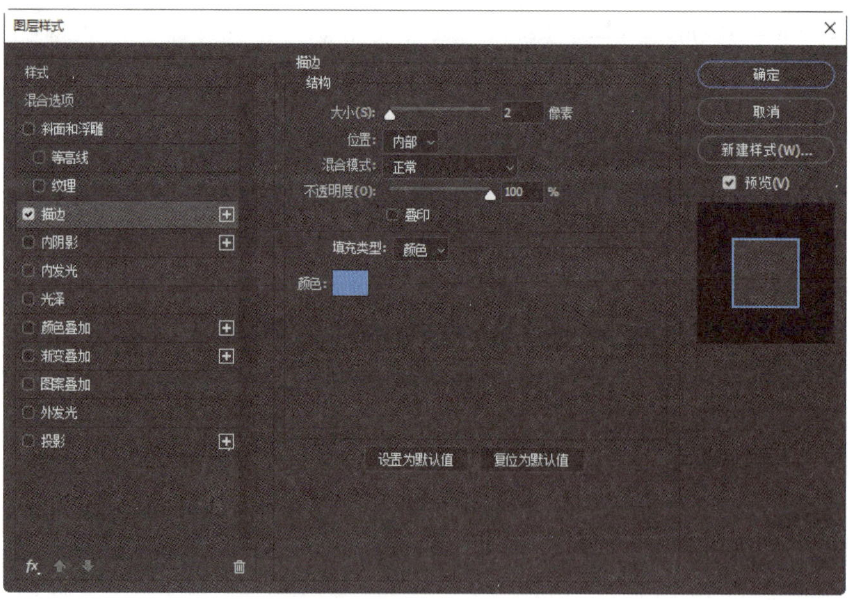

图8-25　“图层样式”对话框

（3）单击工具箱中的“矩形工具”按钮，在如图8-27所示的位置绘制一个矩形。

（4）单击工具箱中的“横排文字工具”按钮，在矩形上输入文字，如图8-28所示。

（5）单击工具箱中的“直线工具”按钮，在文字上绘制一条直线，如图8-29所示。

图8-26 添加“描边”效果

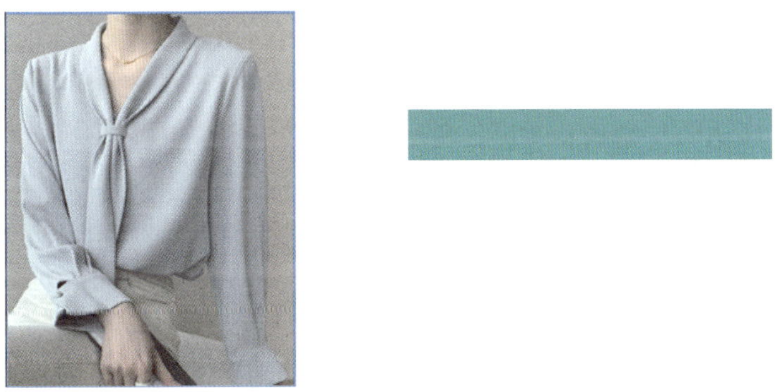

图8-27 绘制矩形

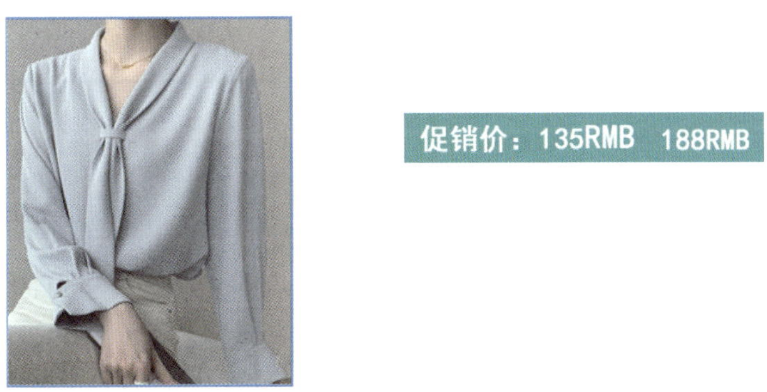

图8 28 添加文字

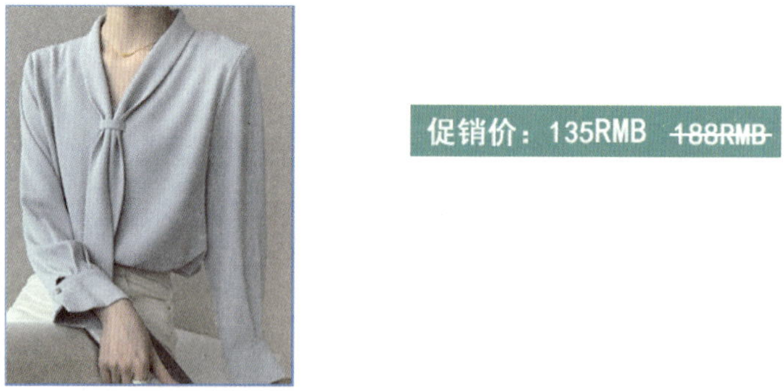

图8-29　绘制直线

（6）使用同样的方法，继续添加文字，并绘制两条水平线，效果如图8-30所示。

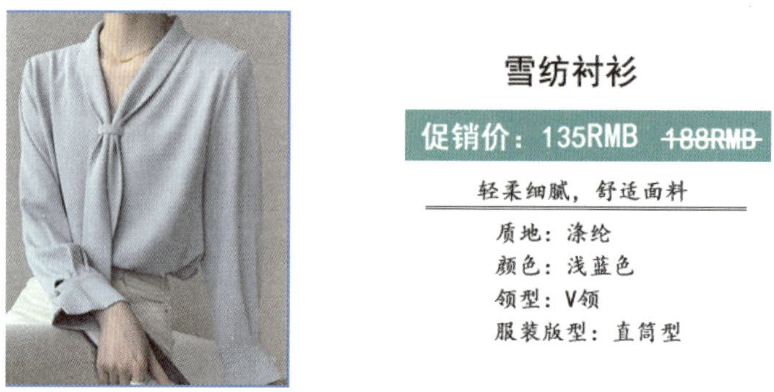

图8-30　添加文字并绘制直线

（7）单击工具箱中的“直线工具”按钮，在工具属性栏中设置填充颜色为#03acaf，并按“Ctrl+T”键调整宽度，在如图8-31所示的位置绘制一条直线。

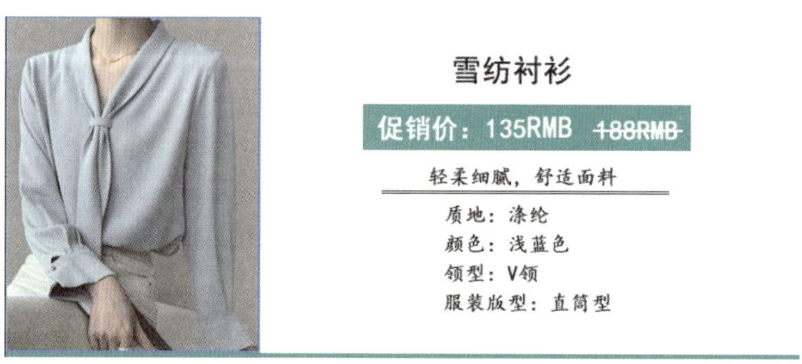

图8-31　绘制直线

（8）执行“文件”→“打开”菜单命令，打开“源文件/项目八/短裙.jpg”文件，将其直接拖入“装修服装店铺”文件中，按“Ctrl+T”键调整大小，并添加描边效果。

（9）单击工具箱中的“矩形工具”按钮、“直线工具”按钮和“横排文字工具”按钮，设计短裙的详情，如图8-32所示。

（10）使用同样的方法，设计质感垂坠烟管裤的详情，商品详情的最终效果如图8-33所示。

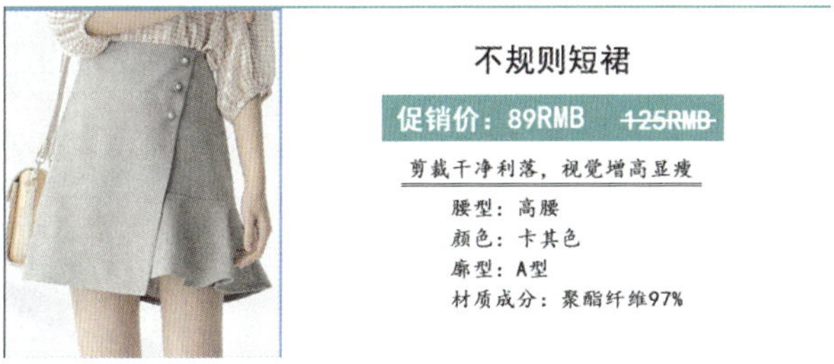

图8-32　设计短裙的详情

图8-33　商品详情的最终效果

五、售后服务区

（1）单击工具箱中的“矩形工具”按钮，在商品详情下方绘制矩形。

（2）将店招中的叶子和文字复制到矩形上，并调整大小，如图8-34所示。

图8-34　复制叶子和文字

（3）单击工具箱中的“椭圆工具”按钮，按“Shift”键，绘制一个正圆，设置填充颜色为无，设置描边颜色为#a16600，如图8-35所示。

（4）单击工具箱中的“横排文字工具”按钮，在“字符”面板中设置文字字体，如图8-36所示。然后在圆内输入“优”。

图8-35　绘制正圆

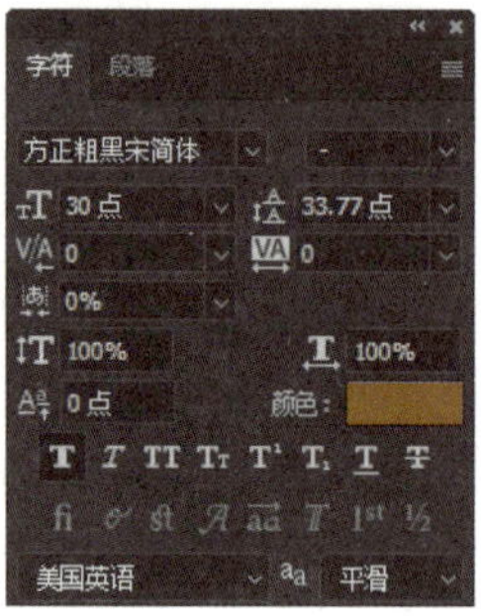

图8-36　“字符”面板

（5）继续单击“横排文字工具”按钮，在如图8-37所示的位置添加文字。

（6）单击工具箱中的“直线工具”按钮，在文字右侧绘制一条竖线，如图8-38所示。

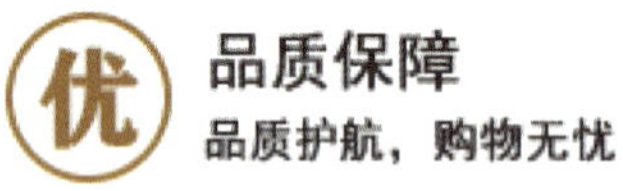

图8-37　添加文字

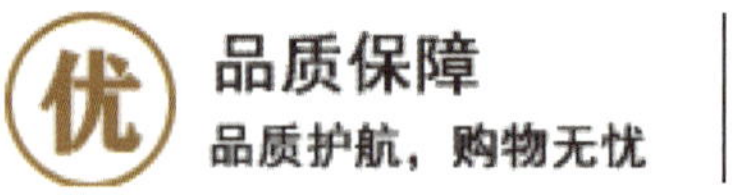

图8-38　绘制竖线

（7）使用同样的方法，绘制剩余图形，最终效果如图8-39所示。

图8-39　最终效果